U0902243

经济社会发展规划研究丛书之一

产学研一体化区域创新体系研究

主　编　李　强
副主编　祝志福　陈　璞
　　　　江　迪　黄　军

华龄出版社

责任编辑：薛　治
责任印刷：李未圻

图书在版编目（CIP）数据

产学研一体化区域创新体系研究 / 李强主编. -- 北京 ：华龄出版社，2018.1
（经济社会发展规划研究）
ISBN 978-7-5169-1179-2

Ⅰ. ①产… Ⅱ. ①李… Ⅲ. ①产学研一体化-研究-中国 Ⅳ. ①G640

中国版本图书馆 CIP 数据核字（2018）第 025335 号

书　　名：产学研一体化区域创新体系研究
作　　者：李　强　主编
出版发行：华龄出版社
印　　刷：北京市通州兴龙印刷厂
版　　次：2018 年 1 月第 1 版　2018 年 1 月第 1 次印刷
开　　本：710×1000　1/16　　印　张：13
字　　数：160 千字
定　　价：168 元（全三册）

地　　址：北京市朝阳区东大桥斜街 4 号　　邮　编：100020
电　　话：（010）58124218　　传　真：（010）58124204
网　　址：http：//www.hualingpress.com

前　　言

（一）

昌平区地处首都北京西北部，既是历史文化名城，又是以发展旅游、高教、科技为主的首都卫星城，同时也是北京市五个“首都城市发展新区”之一。昌平自中国汉朝时期设立，距今已有2000多年。全区总面积1352平方公里，耕地面积28万亩，全区辖15个镇2个街道办事处2个地区办事处。南与北京城区奥运村接壤，城区距市区仅33公里。昌平属暖温带大陆性季风气候。境内的明十三陵、居庸关长城已列入世界文化遗产名录，小汤山是知名的温泉旅游胜地。

“十一五”以来，我国经济发展进入了一个新的发展阶段，经济发展从“又快又好”向“又好又快”方向转变、经济增长方式由主要依靠第二产业带动向依靠第一、第二、第三产业协同带动转变，长江三角洲、珠江三角洲等主要经济区域都呈现不同程度的产业升级态势。与此同时，跨国产业转移加速向中国推进，沿海产业内移也不断向中西部包括还渤海地区逼近，直接间接地影响着北京市昌平区的产业发展。面对新的发展阶段和国内外宏观外环境变化以及全球范围内的生产要素重组和产业转移，北京市昌平区产业结构发展的一些不足业已成为资源在地区产业间优化配置的重大障碍：经济建设亟需加快，城市竞争力亟需增强，结构性矛盾亟需破解，产业结构亟需提升，产业布局亟需优化，产业转移亟需。基于此，进一步加大昌平区未来一个时期的产业发展定位与产业空间布局规划的研究就成为一项紧迫的重要课题。

课题研究的意义在于：一方面，明确昌平区当前及未来的产业发展定位，选择符合昌平区特点的主导产业，有助于推动产业结构调整升级，有助于进一步优化产业空间布局；另一方面，提出昌平区产业发展的基本思路，提供昌平区产业发展规划的基本蓝本，有助于提高广大干部的执行力，使产业规划蓝图变为现实生产力，有助于提高广大干部的创造力，使产业发展获得更佳的生产率。

（二）

本书《产学研一体化区域创新体系研究》是根据本人2009年下半年主持承担的《北京市昌平区“十二五”产学研一体化区域创新体系前期研究》与《北京市昌平区“十二五”科技与知识产权发展规划课题前期研究》项目课题报告修改而成的。

本书分为上下两篇。上篇总论研究，计为6章：

第一章　昌平区产学研一体化区域创新体系的解析

一、国家创新体系理论

二、区域创新体系理论

三、产学研一体化的内涵与构成

第二章　昌平区基本情况

一、历史沿革与地理环境

二、行政区划与人口概况

三、经济发展与社会保障

四、环境、城乡建设和新农村建设

五、农业、工业与建筑业

第三章　昌平区产学研一体化区域创新体系状况分析

一、昌平区有利条件

二、昌平面临的问题

第四章　构建昌平产学研一体化区域创新体系

一、一种模式

二、两个保障

三、三个载体

四、四个系统

第五章　打造京北科技创新中心

一、依托京北高科技产业走廊

二、构筑首都人才新高地

三、推进科技重点项目与重点工程

第六章　昌平产学研一体化区域创新体系的策略建议

一、突出企业核心

二、加强重点引导

三、完善软硬环境

四、调动内外资源

五、衔接上级政策

六、鼓励中介服务

下篇专题研究，计为6章：

第一章　研究的必要性与基本思路

一、研究背景

二、研究的目的和意义

三、研究的思路、方法、内容和创新之处

七、加大政府采购力度

八、加强政府科技投入和管理

本书由李强担任主编，副主编由祝志福、陈璞、江迪、黄军担任。本书在研究写作过程中，先后得到了国家发改委、国家农发办、农业部、国土资源部、住建部、中国农科院、发改委宏观经济研究院、北京市发改委、北京市统计局、北京市社会科学院、北京市昌平区委区政府等单位以及王征、刘洪海、毋贤祥、欧阳东等领导、朋友、同事的大力支持，在此表示感谢。本书写作过程中参考借鉴了诸多文献资料，由于时间仓促，引用文献资源未能一一注明，敬请原谅。加之研究水平所限，书中错误疏漏在所难免，恳请各位领导、专家、读者批评指正。

作　者

2017 年 11 月 · 北京

目　录

c o n t e n t s

上篇　总论研究

下篇 专题研究

上篇 总论研究

第一章

昌平区产学研一体化区域创新体系的解析

20 世纪以来，在经济学、管理学等诸多学科领域中，关于创新的理论研究成为热点和重点。在实践中，创新也日益成为推动经济发展的最重要推动力量。创新是经济增长的动力源泉，是社会进步的革命力量，是国家发展的不竭动力。

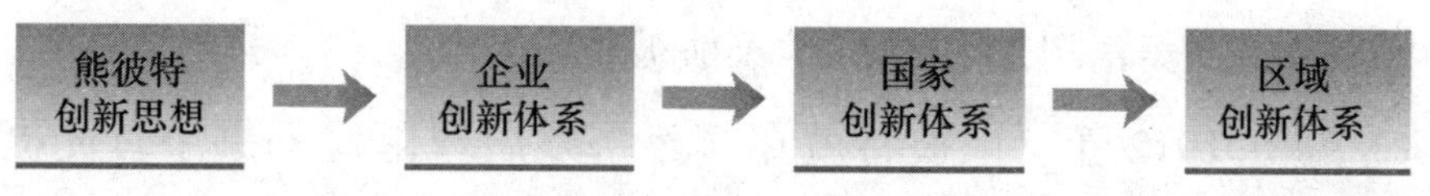

图 1-1 创新理论研究主线

自 1912 年熊彼特提出“创新”概念，并成为创新理论的奠基人之后，对创新的研究已从单一的企业家逻辑起点、线性创新模型向多机构耦合、多主体交互的“经济—技术—社会”国家以及区域系统创新网络模型转变。

从纵向历史考察，创新理论的研究主要遵循这样一条主线：“熊彼特创新思想——企业创新体系——国家创新体系——区域创新体系”，区域创新体系从属于国家创新体系。

因此，要了解区域创新体系就必须先弄清楚国家创新体系。

一、国家创新体系理论

在经济和科技全球化时代，国际竞争更加激烈，国家的创新能力是决定该国在国际竞争和世界格局中地位的重要因素。建设与完善国家创新体系，是把握国际经济和科技发展趋势，尊重经济和科技发展规律的表现。

国家创新体系的主要功能是知识创新、技术创新、知识传播和知识应用，具体包括创新活动的执行、创新资源（人力、财力等）的配置、创新制度的建立和相关基础设施建设等，其基本任务是大力促进和广泛进行知识的生产、传播和应用。

1. 国家创新体系的演进

国家创新体系的概念于 1987 年由英国著名学者弗里曼（C. Freeman）率先提出，但关于国家创新体系研究的理论渊源，可以追溯到美籍奥地利经济学家熊彼特。

早在 1912 年，熊彼特就在《经济发展理论》一书中首先提出了“创新理论”。他认为，所谓“创新”，就是“建立一种新的生产函数”，也就是说，把一种从来没有过的关于生产要素和生产条件的“新组合”引入生产体系。在熊彼特看来，企业家的职能就是实现“创新”，引进“新组合”。

这种新组合包括五项内容：

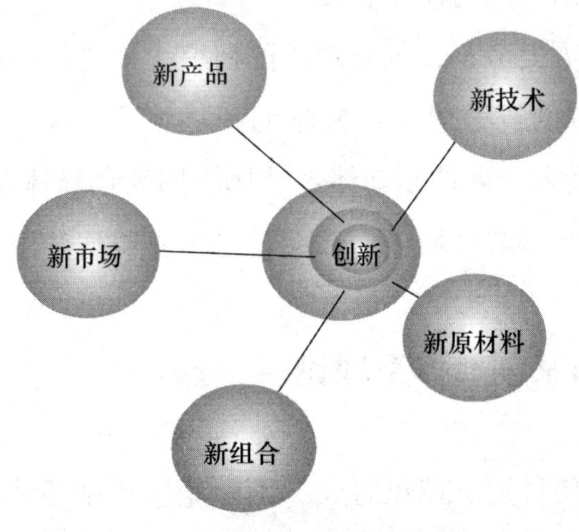

图 1-2　创新的五项新组合

引进新产品；

引进新技术；

开辟新市场；

掌握新原材料供应来源；

实现新的组织形式。

据此，熊彼特对企业家与企业做出如下的定义："将这些新的组合加以推行的组织，我们称之为企业，把职能是实现新组合的人们称之为企业家。"所谓"经济发展"也是指整个社会不断实现这种"新组合"而言的。后来，他更强调技术性意义上的创新，他关于技术创新带动经济发展，经济发展反过来又促进技术创新的这些早期精辟论断，为研究科技与经济的关系奠定了理论基础。

20世纪70年代以来，技术创新仍然是创新研究的重要方向，各国的科技政策从关注基础性研究向技术创新转移，传统的研究开发系统概念让位于创新体系的理念。1987年，英国学者费里曼等人在提出了"国家创新体系（National System of Innovation，亦译国家创新系统）"的概念，并将创新归结为一种国家行为，这才基本明确其含义，即由公共和私有机构组成的网络系统，并强调系统中各行为主体的制度安排及相互作用。该网络中各个行为主体的活动及其相互作用旨在经济地创造、引入、改进和扩散知识和技术，使一国的技术创新取得更好绩效。它是政府、企业、大学、研究院所、中介机构等之间为寻求一系列共同的社会经济目标而建设性地相互作用，并将创新作为变革和发展的关键动力系统。至此，现代意义上的国家创新理论才基本形成。

在这之后，人们关于创新问题的研究已经不再局限于创新的某一个要素，而是更加强调创新是一个系统，是各种要素相互关联、相互作用的一个体系。20 世纪 80 年代中期，丹麦经济学家伦德瓦尔首先在一本关于使用者和生产者之间关系的小册子里提出了系统的“创新体系”概念，即指研究与开发实验室、技术研究所和生产体系之间的关系和相互作用。创新体系可以是超国家的，超民族的，也可以是国家的或次国家的（地区或地方性的），同时也可以是这些地理区域范围内的部门创新体系。1995 年麦特卡尔夫提出，国家创新体系是从事知识、技能和新技术产品的创造、储存和转移活动的机构相互联系构成的一个系统。1997 年，经济合作与发展组织又推出了《国家创新体系》专题报告，把国家创新体系定义为：政府、企业、大学、研究机构、中介机构等为了一系列共同的社会和经济目标，通过建设性地相互作用而构成的机构网络，其主要活动是启发、引进、改造与传播新技术。该报告成为国际研究国家创新体系最权威的成果。而关于国家创新体系理论的研究，也成为许多国家和国际组织研究的课题和制定政策的依据。

图 1-3 国家创新理论相关著作

2. 国家创新体系的基本内涵

目前，国家创新体系尚没有统一的定义，国家创新体系研究也没有形成完整的理论体系、共同的学术规范和适用边界。就国家创新体系的定义，国内外也有数十种之多。但较通用的定义是：国家创新体系是指由一个国家的公共和私有部门组成的组织和制度网络，其活动是为了创造、扩散和使用新的知识和技术。

2006 年初颁布的《国家中长期科学和技术发展规划纲要（2006—2020 年)》指出：“国家创新体系是以政府为主导、充分发挥市场配置资源的基础性作用、各类科技创新主体紧密联系和有效互动的社会系统”。虽然定义各有差别，但国家创新体系理论的本质内涵只有一个，即科学技术知识在国民经济体系中的循环流转及其应用。在实际生活中，国家创新体系具体表现为一国境内不同企业、大学和政府机构之间围绕着科学技术发展形成一种相互作用的网络机制，而且各不同行为主体在这种相互作用网络机制之下为发展、保护、支持和调控那些新技术进行着各种各样技术的、商业的、法律的、社会的和财政的活动。它实际上是在一个宏观层次上，建立起包括企业、科研机构、高等院校和政府部门参加的网络体系。

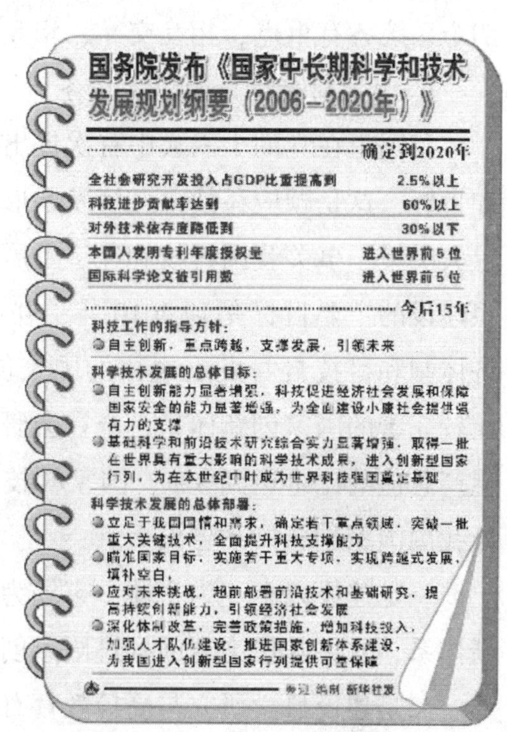

图 1-4　国家中长期科学和技术发展规划纲要概述概述

国家创新体系可分为知识创新系统、技术创新系统、知识传播系统和知识应用系统。其中，知识创新是技术创新的基础和源泉，技术创新是企业发展的根本、知识传播系统培养和输送高素质人才，知识应用促使科学知识和技术知识转变为现实生产力，四个系统各有重点、相互交叉、相互支持，是一个有机整体。

3. 国家创新体系的基本任务

我国也在党的十六大中首次提出了建设国家创新体系的任务和目标，这是顺应科技、经济发展形势在党的会议上作出的一项重大决策，事关我国科技和经济发展的全局。我国的国家创新体系建设的主要目标是到2010年，初步建立适应社会主义市场经济体制和科技自身发展规律的国家创新体系；到2020年，建立比较完善的国家创新体系，全社会研究开发（R&D）经费占国内生产总值的比重达到3%，国家科技竞争力进入世界前列。现阶段我国国家创新体系建设重点：

一是建设以企业为主体、市场为导向、产学研结合的技术创新体系，并将其作为全面推进国家创新体系建设的突破口。

二是建设科学研究与高等教育有机结合的知识创新体系。

三是建设军民结合、寓军于民的国防科技创新体系。

四是建设各具特色和优势的区域创新体系。

五是建设社会化、网络化的科技中介服务体系。

这将为昌平建设产学研一体化区域创新体系提供有利的参考。

二、区域创新体系理论

区域创新体系的内涵

区域创新体系（Regional Innovation System）的概念最早是英国学者库克（P. Cooke）在1992年发表的《区域创新系统：欧洲

的竞争规则》一文中提出的，他将区域创新体系定义为：在地理上相互了解、分工与关联的生产企业以及研究机构和高等教育机构等经由以根植性为特征的制度环境系统从事交互式学习，是基于产业集群的群簇区域创新体系。目前，国内外区域创新体系的研究主要集中在概念与内涵、功能特征、机制模式、区域创新体系环境及建设经验上，研究的核心内容集中于区域创新体系在国家创新体系中的演变和作用，以及区域创新体系自身区域特色的体现，包括地理位置、人文环境、政策实施等方面。

目前国内学者对区域创新体系概念的描述主要有“主体说”、“网络说”、“主体加网络说”和“系统集成说”四种：

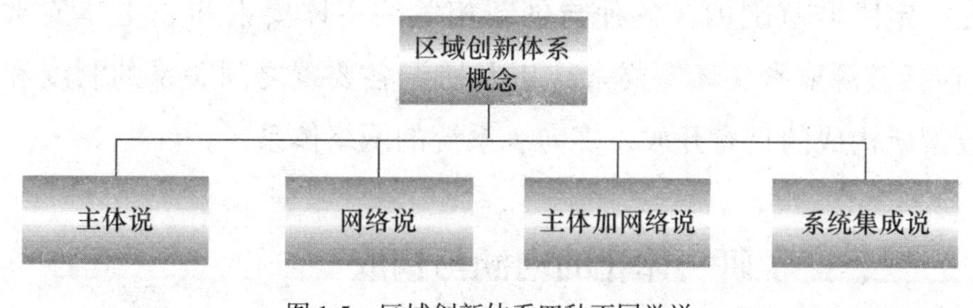

图 1-5　区域创新体系四种不同学说

“主体说”认为，区域创新体系是一定区域内与创新全过程相关的各种主体组成的利于创新的系统，这些主体包括地方政府部门，企业高校和科研机构。

“网络说”认为，区域创新体系是指某一区域内有关部门和机构相互作用而形成的推动创新的网络。

“主体加网络说”认为，区域创新体系是在特定经济区域内，各种与创新相联系的机构和组织以及协调各主体之间相互关系的制度和政策网络。

“系统集成说”认为，区域创新体系由区域范围内科技体系、教育体系、资金体系、政府部门等子系统构成。其互动关系影响区域经济整体发展，政府在区域创新体系中起着重要的调节作用。

主体说强调区域创新体系包括地方政府、企业、大学和科研机构等与技术创新活动相关的主体要素。网络说强调各主体间的联系与互动。两者的差别在于，主体说突出了主体要素的地位和作用。网络说对主体要素间通过各种联系与互动形成的网络有所侧重。主体加网络说则是把主体要素和主体要素间的网络关系放在一个同等重要的位置上来思考，也是目前最为主流与认同的学说之一。

本研究主要采用“主体加网络说”，即区域创新体系就是指在一定区域范围内，各种与创新相关的主体要素和非主体要素（包括资源要素和环境要素）以及协调各要素之间关系的制度和政策所构成的具有开放、多向、系统的网络体系。

三、产学研一体化的内涵与构成

（一）产学研一体化的内涵

创新是经济增长的动力源泉，是社会进步的革命力量，是事业兴衰的决定因素，是区域发展的不竭动力。区域创新体系是经济和社会可持续发展的基础和引擎，是培养和造就创新型人才的摇篮。区域创新体系的主体核心构成是企业、高等院校及科研机构、科技中介机构和政府部门，它是科技与经济一体化的联合和促进，主要通过产学研一体化途径来实现的。

产学研一体化主要是指在科技与经济一体化过程中企业与高等学校、科研院所在风险共担、利益共享、优势互补、共同发展的机制下开展的多种形式的紧密合作，是产学研合作的高级阶段。产学研一体化是建立区域创新体系的主要途径和必然发展方向，是实现国家经济快速、持续、健康、可持续发展的有效途径，是当今世界经济发达国家科技与经济结合的一条成功经验。在创建区域创新体系的大背景下，只有实施有效的产学研结合，才能更好的促使知识、人才的流动以及资源的合理配置。

（二）昌平产学研一体化区域创新体系内涵

昌平区的产学研一体化区域创新体系是指在昌平区域内，在政府的主导下，企业作为创新主体，利用最广泛的社会资源，通过与高校、科研机构紧密合作，使科技创新成果在昌平域内实现产业化的开放、多向、系统网络体系。根据创新体系相关要素的组合关系和创新资源有效配置形式，实验室经济将成为昌平区产学研一体化区域创新体系的最主要模式。建设创新型昌平，必须构建产学研一体化区域创新体系。

（三）产学研一体化区域创新体系的构成要素

产学研一体化区域创新体系的基本构成要素包括主体要素、资源要素和环境要素，三种要素的关系是相互协同、共同发展，主要关联见图1－6。昌平区的产学研一体化区域创新体系最为核心的要素为“两类人员、三类组织”，即科研人员、创新型企业家和科技型企业、科研机构、中介机构。

1. 主体要素：主要包括企业、高校与科研机构、中介组织以及政府

（1）在昌平的产学研一体化区域创新体系中，企业是应用新知识、进行技术创新和市场开拓的主体，也是该体系中的核心。

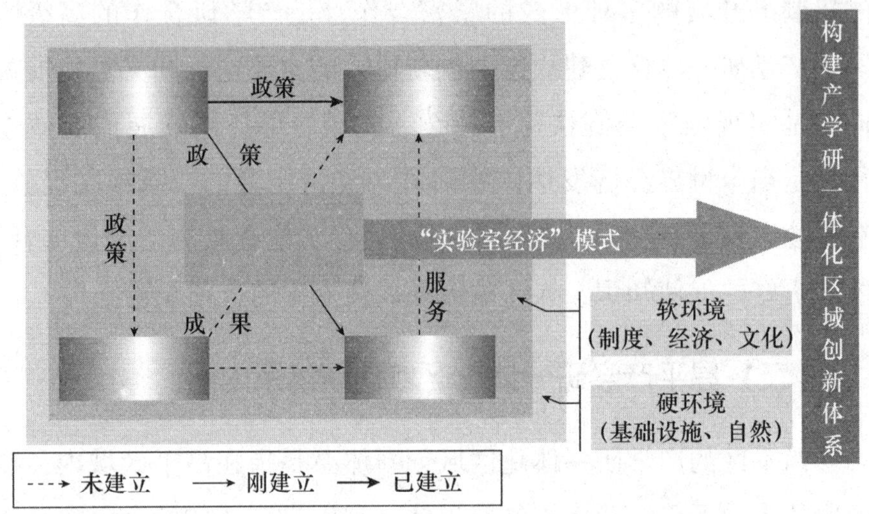

图 1-6 昌平区产学研一体化区域创新体系的现状图

企业通过技术创新、工艺改进、推出新产品，以增强在市场竞争中的实力。企业具备一定的资金基础、产业化实力和市场运作能力，但面对飞速更替的新产品、新工艺，任何企业想仅依靠自身的研究开发力量来保持技术的领先都是相当困难的。而高等学校、科研机构在科技成果及知识积累、人才储备、实验手段、信息来源等方面具有较大优势，是科技资源比较集中的地方。因此，昌平企业应该与高校、科研院所建立合作关系，利用教育界、科技界提供的高素质人才和高水平技术，实现科技要素与其他生产要素的新组合，变潜在生产力为现实生产力。

（2）在昌平的产学研一体化区域创新体系中，高等院校和科研院所肩负着重要的技术创新任务。高等学校及科研院所聚集着大批优秀的教学科研人才，配备有一流的科研设备，拥有全面的信息资源，具有雄厚的科技实力。高等院校可以将众多的学科紧密汇集在一起，而学科的交叉、融合使其成为创新的摇篮，也是探索高科技前沿的重要基地。高校通过科研不断丰富教学内容，促进人才培养，不仅为产业界输送人才，推动成果转化，也从中得到产业界对于人才和科技的要求，进而可以调整自己的办学模式、教学方法。科研院所在区域创新体系中一个新的重大目标是开发先进的公用性质的技术资源，为企业技术创新提供知识和技术供给，并随时用市场需求修正技术开发的方向，促进科研成果向生产力的转化。

（3）昌平产学研一体化区域创新体系的高效运行离不开科技中介系统，科技中介机构是连接技术供给与需求，连接高校科研机构与企业的重要媒介，是发展和繁荣技术市场的中坚力量，在其中发挥着枢纽和润滑剂的作用。昌平目前产业界和科技界都在各自的领域取得重大发展，但是两者之间在深度和广度上都还缺少实质性的联合与合作。科技中介机构以专业知识、专门技能为基础，联系产业界和科技界，为科技创新活动提供重要的支撑性服务，可以有效降低创新创业风险、加速科技成果产业化进程。尤其是一大批中小型企业，在科技振兴产业方面还缺少方向，在资金投入方面还缺少引导；而一部分科研人员和科技成果或技术能力也缺少市场的引导和资金的投入。科技中介机构促进产学研结合，促进科技成果转化，他们不仅善于研究掌握企业界的市场需求，还善于发现人才、发现产学研的结合点。

科技中介组织是在新的历史背景下形成的。它更具知识性和智力性，是在科技与经济发展到一定阶段，即科学技术成为第一生产要素时，在政府与科技、科技与经济、科技与社会之间，在不同利益主体之间发挥居间、纽带、桥梁、传递者的作用，使社会资源在发展科技产业方面，得到优化配置，更好地服务于科技产业。因此它在市场经济条件下，在推动高新技术产业的发展过程中，具有其他任何社会组织难以替代的重要作用。

（4）在昌平的产学研一体化区域创新体系中，区政府发挥着组织协调、疏导方向的作用。政府处于中层，起着既要为企业、高等院校和科研院所搭建舞台，又要为它们与外界环境架设桥梁的双重任务。昌平政府在产学研一体化中担负着如下职能：一方面是整合物理空间资源，为产学研一体化提供科研场地、转化车间。另一方面是完成组织协调工作，为产学研一体化区域创新提供一个良好的制度环境、政务环境和体制机制保障，通过政策指导，促进企业、高校科研机构、科技中介之间在科技创新上的交融与合作。

2. 资源要素：主要包括人才与资金

（1）人才是创新活动的主体、"第一资源"、"第一动力"，任何创新活动都是由人主导的活动，人才资源无疑是最重要的资源要素。由于创新活动的复杂性与创造性的特征，创新活动必须由大量的具有一定创新能力的人才参与，才能保证创新活动的展开与取得创新的成果。因此，在区域创新体系建设中，如何获得更多的人才资源，是区域创新体系建设的重点。在区域创新活动中，各种人才负责知识的再创造并直接参与区域中的各项创新活动，决定着一个区域的研究与开发的特点、性质和发展程度。昌平区最为核心的人才资源包括创新型企业家与科研人员。

（2）资金是创新活动的支撑，创新活动需要得到资金才能顺利开展。目前，我国区域创新资金来源是按照研究机构的所属与研究性质，分别由不同区域级别的企业、中介、社会等承担，具体包括：国家所属的科研院所等机构由国家科研事业经费提供，学校事业经费由国家教育经费提供；公益性研究与开发由国家科研经费提供；各个区域科研机构和学校由地方政府提供经费；企业研究与开发机构包括在企业总体投资与成本计算中；另外，还有基金会、研究与开发项目、社会团体赞助、捐赠等，其投入程度取决于区域内经济发展水平、国民生产总值以及对研究与开发的重视程度。昌平区的科技创新资金资源主要来自企业研发投入、社会中介投入与政府财政资金投入。

3. 环境要素：包括硬环境和软环境两个方面

（1）硬环境主要是指基础设施和自然条件：

基础设施包括基础设施条件包括土地空间、道路交通、楼宇厂房以及配套水、电、网络等；自然条件主要包括生态、气候、地理位置等。

（2）软环境包括制度环境、文化环境和经济环境：

制度环境包括政策、法律法规、道德规范等；文化环境包括风俗习惯、文化水平、创新意识、价值观等；经济环境包括经济实力、经济结构、市场态势等。其中，较为重要的有：

1）制度环境

新制度经济学认为，制度的存在可以解决不断出现的社会问题和约束人们的竞争和合作方式。制度的作用主要体现在两个方面：一方面降低创新中的不确定性和交易费用；另一方面提高对创新的奖励。好的制度选择会促进技术创新，不好的制度选择会将技术创新引离经济发展的轨道或扼制技术创新。

2）文化环境

社会文化环境直接影响着人们是否追求创新的热情，人与人之间能否建立起相互信任、相互合作的关系。而在社会文化因子中，长期的协作和彼此的信任是最有价值的资源。在社会文化背景中，最重要的是形成鼓励创新的进取机制、客观公正的评价机制和诚实守则的信用机制。

3）经济环境

从经济实力的角度看，经济发达地区在创新资源和创新能力方面存在着巨大的优势，如强大的科技力量、便捷的交通通信系统、完备的基础设施、优越的生产协作条件、雄厚的资本和集中的消费市场等。从经济结构的角度分析，一般来说，在第一产业比重较大、且生产现代化程度不高的地区，由于长期相对稳定的生产方式，价值产品商品率低，创新就变的很不易；而在第二、三产业比重较大的地区，由于相对密切的联系以及较为激烈的竞争，从而有力地促进创新。而市场态势的不同，企业对创新的需求程度也是不同的。竞争激烈的市场经济时期，企业为了争夺市场份额，常常对产品、技术、服务等进行改良，甚至引入新的生产线，创新活动频繁，反之亦然。

第二章

昌平区基本情况

昌平是首都北京的北大门，首都北京的卫星城。素有北京的后花园之称。位于北京西北部，被誉为“密迩王室，股肱重地”，素有“京师之枕”美称。古有居庸关、龙虎台等险隘以及明代陵寝。昌平区南与北京城区奥运村接壤，城区距市区仅 33 公里。昌平属暖温带大陆性季风气候。昌平自中国汉朝时期设立，距今已有 2000 多年，境内的明十三陵、居庸关长城已列入世界文化遗产名录，小汤山是知名的温泉旅游胜地。

一、历史沿革与地理环境

【历史沿革】6000 多年前就有祖先在境内雪山、南口等地繁衍生息。西汉时期始设昌平县。明正德元年（1506）县升为州。民国 2 年（1913）撤州设县。抗日战争、解放战争时期在县西部和北部地区建立中国共产党领导的昌宛、昌延、昌平、昌顺联合县等民主革命政权。1948 年 12 月 12 日昌平县解放。1949 年 4 月昌顺联合县分设昌平县，属察哈尔省南口专区；8 月 1 日起属河北省通县专区。1956 年 1 月划归北京市管辖，撤县设区。1960 年 1 月，撤区复设昌平县。1999 年 9 月 16 日撤销昌平县设立昌平区。2005 年，全区辖 15 个镇，2 个街道办事处，2 个地区办事处。

区域内有驰名中外的明十三陵，“天下第一雄关”——居庸关，十三级浮屠的辽代银山塔林，拥有“亚洲之最”称誉的中国航空博物馆、中国坦克博物馆、迪斯尼风格的九龙游乐园，中国最大的射击场——中国北方国际射击场，北方地区最大的国家级现代农业科技示范园，独具特色的十三陵高尔夫球场，空中滑伞俱乐部，以及风景秀丽的十三陵水库和蟒山、沟崖、碓臼峪、虎峪、白虎涧、双龙山、白羊沟、大杨山八大自然风景区。全区现有文物保护单位78处，其中国家级重点文物保护单位4处，市级重点文物保护单位5处。

【地理环境】昌平为北京市辖区，位于北京市西北部。区域地理坐标介于东经115°50′17″～116°29′49″、北纬40°2′18″～40°23′13″，北与延庆县、怀柔区相连，东邻顺义区，南与朝阳区、海淀区毗邻，西与门头沟区和河北省怀来县接壤。全区总面积1352平方公里，耕地面积28万亩。

昌平区属暖温带，半湿润大陆性季风气候。春季干旱多风，夏季炎热多雨，秋季凉爽，冬季寒冷干燥，四季分明。年平均日照时数2684小时，年平均气温11.8℃，年平均降水量550.3毫米。

区域内地势由西北向东南逐渐形成一个缓坡倾斜地带。西部、北部为山区、半山区，以南口及居庸关为界，西部山区统称西山，属太行山脉；北部山区称军都山，属燕山山脉。山区海拔400～800米，最高峰（高楼峰）海拔1439.3米。最著名的山脉有天寿山、银山、龙泉山、叠翠山、驻跸山、虎峪山等，层叠交错，高山、峡谷、悬崖、陡壁等丰富的地貌特征。

北部山区岩性主要是花岗岩、白云质灰岩和片麻岩。土质为岩石风化形成的薄层褐土，适于发展林果业。南部平原为第四级冲积物上形成的厚层潮土，适宜种植各种农作物。

二、行政区划与人口概况

【行政区划】2001 年辖 1 个街道、16 个镇，321 个村委会、117 个居委会：城北街道、昌平镇、兴寿镇、马池口镇、沙河镇、流村镇、阳坊镇、回龙观镇、长陵镇、东小口镇、北七家镇、南邵镇、崔村镇、小汤山镇、百善镇、十三陵镇、南口镇。2005 年，昌平区辖 2 个街道（城北街道、城南街道）、5 个地区（南口地区、马池口地区、沙河地区、回龙观地区、东小口地区）、15 个镇（南口镇、马池口镇、流村镇、阳坊镇、十三陵镇、长陵镇、南邵镇、崔村镇、兴寿镇、小汤山镇、百善镇、沙河镇、回龙观镇、东小口镇、北七家镇），共有 95 个社区、305 个村委会。

【人口民族】2005 年，全区辖 15 个镇，2 个街道办事处，2 个地区办事处。年末全区户籍人口 48.2 万人，比上年末增加 1.2 万人；全区人口出生率 8.1‰，自然增长率 0.48‰。全区人口由汉族、回族、满族、蒙古族、朝鲜族等 45 个民族构成，其中主要为汉族。2008 年年末全区常住人口 94.2 万人，比上年末增加 4.6 万人；其中在昌居住半年以上外来人口 34.2 万人，增加 3.7 万人，占常住人口的比重为 36.3%；全区常住人口密度为 701 人/平方公里，每平方公里比上年末增加 34 人。年末户籍人口 51.2 万人，其中农业人口 21.4 万人，占全区户籍人口的 41.9 %；全区户籍人口出生率 9.86‰，死亡率 4.67‰，自然增长率 5.19‰。

三、经济发展与社会保障

经济增长：初步核算，2008 年全年完成地区生产总值 312 亿元，同比增长 15.6%。其中，第一产业增加值 4.7 亿元，增长 16.5%；第二产业增加值 170.9 亿元，增长 23.6%；第三产业增加值 136.4 亿元，增长 6.9%。三次产业结构为 1.5:54.8:43.7。按常住人口计算，当年全区人均 GDP 达到 33950 元（按年平均汇率折合 4888 美元），比上年增长 8.5%。

结构调整：一是农业结构调整步伐加快。以“一花三果”为主导、“一村一品”为补充的都市型现代农业格局更加清晰。小汤山农业科技示范和辐射带动作用不断增强。二是第二产业发展稳定。中关村科技园区昌平园带动作用明显，一批节能降耗、环境保护企业涌现，能源科技产业基地特点凸显；生物医药产业发展良好，成为继能源科技产业之后的第二大纳税产业。能源科技、生物医药、现代装备制造三大主导产业占工业总量的比重达 78%。三是现代服务业的发展能力不断增强。出台了促进文化创意产业发展的扶持政策，组织了体育休闲产业项目推介会等产业促进活动。咨询产业集聚区建设初具规模，集聚咨询企业 70 多家。

财政收支：2008 年，全区完成地方财政收入（一般预算）24.2 亿元，增长 13.7%。其中增值税入库 3 亿元，增长 13.3%；营业税入库 9 亿元，下降 5.4%；企业所得税入库 3.7 亿元，增长 44.8%。地方财政支出（一般预算）46.1 亿元，增长 24.7%；其中用于教育、科技、环境保护、社会保障和就业、医疗方面的支出分别增长 25.6%、76.1%、69.4%、56.6%、40.1%。

人民生活：2008 年全年城镇居民人均可支配收入 20834 元，同比增长 10.4%；城镇居民人均消费性支出 14108 元，同比增长 8.5%。农村居民人均纯收入达到 10120 元，增长 11.9%；人均生活消费支出 8615 元，同比增长 10%。城镇、农村居民恩格尔系数分别为34.2%和34.7%，比上年上升1.7个和2.2个百分点。年末城镇居民人均住房使用面积26.9平方米，农村居民人均住房面积44.3平方米。

社会保障：2008年新农保和新农合覆盖率分别达到96.8%和98%。以社会保险为核心的社会保障覆盖人群达到109.5万人次；五项社会保险基金收支规模增长26%。年末全区参加基本养老、基本医疗、失业、工伤、生育保险人数分别为20.2万人、24.1万人、17.4万人、17.9万人和8.1万人，同比分别增长16.9%、18.4%、19.1%、33.8%和16.6%。“一老一小”参保总人数达到6.4万人，支付“一老一小”大病保险费1147.9万元。

就业：2008年年末全区城镇登记失业率为2.36%，城镇登记失业人员再就业率61.7%，当年全区共安排8315名失业人员就业，7068名农村劳动力实现转移就业。

四、环境、城乡建设和新农村建设

环境：2008年全区城乡居民安全饮水达标率100%，平原区集中供水率达60%，全区城镇污水处理率达65%，水土流失治理率达80%，垃圾清运率达到100%，垃圾无害化处理率达91.2%，空气质量二级以上天数所占比例达到74%以上。深入开展“五大秩序”整治和“治三乱、除三害”专项行动，创建“国家卫生区”成果得到进一步巩固，启动创建“国家生态区”工作，实施废弃矿山植被恢复工程。完成京津风沙源治理工程人工造林6500亩，水源保护林2000亩，实施绿化工程管护3.5万亩。

实施南北沙河治理，清淤泥 20.2 万方，铺设截污管线 6.5 公里，种植乔、灌木 1.34 万株，铺草坪 13.4 万平米，使得南北沙河水质和周边水环境得到改善。

东小口郊野公园累计栽植树木花灌 3 万株，地被及水生植物 57 万平方米，营造自然景观生态林，铺林荫广场（运动场）9300 多平方米。

奥运建设：高质量完成了奥运场馆及配套设施建设，在全市率先落实“双进入”体制，确保场馆运行、外围保障和城市运行无缝衔接。圆满完成了奥运会铁人三项、公路自行车赛赛时保障任务。全区 8 万名志愿者广泛参加各类志愿服务，12 万人次观众文明观赛。发挥奥运影响力，成功获得了 2009 年国际铁人三项洲际杯赛、世界华人篮球赛等一批国际赛事的举办权。

组织完成了奥运赛场、涉奥场馆出租车服务保障任务，出车 531 车/日、973 辆次，运送奥运注册人员 2298 人次。组织奥运（残奥）公交专线 980 车次，运送观众 3.64 万人次。

奥运会期间，全区 12 家涉奥饭店和重点景区共接待中外游客 23 万余人，其中外宾 51017 人次；接待各国政要及随行人员 360 余人，各国志愿者及新闻媒体记者 1000 余人。

城乡建设：昌平新城土地利用总体规划整体调整工作基本完成，东区市政基础设施建设和土地一级开发取得阶段性成果。沙河地区旧城改造和北区开发的规划、征地、拆迁工作正在加紧推进中。轨道交通建设取得突破性进展，昌平线一期被列入市政府 2010 年开通计划。南口污水处理厂、4 座 110 千伏变电站、水库路供热厂等一批重点项目全面竣工，南环路大桥正式通车运行。建成了城北、城南地区的数字化城镇综合管理系统。

2008 年年内实施沙阳路、七北路等项目，完成怀长路、定泗路等大修工程8项，完成部队连连通工程9项，改造桥梁4座，乡村公路大修84.1公里，对15个市级基础设施建设整体推进村的80万平米街坊路进行改造。

2008年完成鼓楼南北大街等10项道路工程，路面铺油6.4万平米，铺设地下管线3959米；完成136条胡同及街坊路改造，硬化面积63359平米；完成永安公园周边完善、政府街地下停车场周边、南口东大街及南大街环境整治；完成了永安公园周边夜景照明建设工程。

2008年全年道路机扫面积128万平米，冲刷面积102万平米，机扫率和冲刷率分别为98%和78%，比去年同期提高16%和18%。收集清运垃圾4.8万吨，垃圾清运率达到100%，实现了分类收集、密闭运输、定点消纳和无害化处理。清掏、处理粪便7.9万吨，处理餐厨垃圾0.8万吨。新建公厕28座。

与市公交集团协调，开通了521公交线路；区内开通了“昌1路”和“昌61路”，方便群众出行。出台《关于昌平区境内公交票制票价改革的意见》，在全区境内公交线路统一实行与刷卡折扣基本持平的临时性折扣优惠办法。

新农村建设：加大政策引导和资金扶持力度，初步形成了以“一花三果”为主导的都市型现代农业集群。成功申办了2012年第七届世界草莓大会。小汤山农业园的科技示范作用进一步增强。加大贷款担保贴息力度，办理涉农专项贷款3120万元。农业政策性保险覆盖面扩大到122个村、4321户。完成了15个村的“五项基础设施建设工程”，大修乡村公路84.7公里，农民安全饮水实现100%达标。创建生态文明村52个，东小口、长陵被评为市级环境优美镇。投入2500万元扶持山区特色产业发展，山区农民人均劳动所得增长8%。制定并实施《关于加快推进农村集体经济产权制度改革工作的意见》，完成了31个村的改革任务。7个镇10个市级示范村绿化美化近11万平米。6个村被评为首都绿色村庄。

新农村建设“两气一室”工程共7处，在南口镇建设2座容量为400立方米的大型沼气集中供气工程和3处太阳能公共浴室，解决了三个村1860人的洗浴问题；在南口镇、百善镇分别建设2座容量为500立方米的秸秆气化集中供气工程。

充分利用乡村公路养护资金，完成1075.2公里乡村公路养护工作，大修乡村公路57条；全面开展乡村公路安全隐患排查工作，完善各项突发事件应急预案。

五、农业、工业与建筑业

农业：初步统计，2008年全区实现农林牧渔业总产值12.1亿元，同比增长12.7%。全年粮食播种面积13.5万亩，粮食总产4344.1万公斤，同比增长12.7%。2008年，全区蔬菜种植面积26176亩，比上年增加1864亩；蔬菜产量5.2万吨，增长5%。水果产量4.8万吨，同比增长14.6%；其中采摘量0.4万吨，同比增长8.2%。出栏猪10.4万头，同比下降6.7%；禽蛋产量7073.4吨，同比增长5.6%；出栏家禽138.2万只，增长7.3%。

在区“一花三果”政策扶持下，2008年全区百合花产量14175百枝，同比增长28.5%；苹果产量22656.2吨，同比增长25.3%；柿子产量5941.2吨，同比增长4.1%；草莓产量2222.3吨，同比增长22.9%。

2008年全区设施农业占地面积7840亩（已利用），同比增加1260亩，增长19.1%；收入1.5亿元，增长26.8%。全区观光园201个，全年总收入148亿元，增长7.4%。

工业：2008年，全区规模以上工业企业完成总产值688.6亿元，同比增长8.6%；完成销售产值690.7亿元，同比增长11.1%，实现产销率100.3%。

全区规模以上工业企业运行情况具有以下特点：

园区工业运行状况较好：2008年，昌平园工业运行质量较高，累计增幅始终高于同期全区规模以上工业产值增幅。1～12月，昌平园完成工业总产值444.3亿元，同比增长15.3%，占全区规模以上工业总量的64.5%。

从企业规模看：2008年，大型企业完成工业总产值163.7亿元，同比下降4.2%，占全区规模以上工业总量的23.8%。中型企业完成工业总产值127.4亿元，同比下降0.9%，占全区规模以上工业总量的18.5%。小型企业完成工业总产值397.4亿元，同比增长18.9%，占全区规模以上工业总量的57.7%。

从经济类型看：有限责任公司企业所占比重最大，完成工业产值324.6亿元，同比增长15.3%，占全区工业总量的47.1%。增长较快的是私营企业和国有企业，完成工业产值54.4亿元和28.6亿元，同比分别增长20%和16.7%。

第三章

昌平区产学研一体化区域创新体系状况分析

一、昌平区的有利条件

昌平是紧邻北京城市中心区最近的郊区，境内地理形态优越，自然资源丰富，名胜古迹众多，人文景观齐全，拥有良好的区位优势和生态环境，是构建产学研一体化区域创新体系的有利条件之所在。同时，昌平作为科教资源和创新要素相对集聚的地区，显著地有利条件归纳如下。

1. 主体要素集聚

（1）高新技术产业园区蓬勃发展

依托中关村科技园区昌平园、生命科学园、国家工程技术创新基地和小汤山现代农业科技园 4 个国家级科技园区，1 个国家级大学科技园区和正在规划建设的“未来科技城”，昌平区聚集了一批拥有自主知识产权、掌握先进技术的制造业企业。

1）中关村科技园区昌平园发展状况

中关村科技园区昌平园（以下简称昌平园）成立于 1991 年 11 月，地处北京西北的昌平区，是北京较早成立的国家级高新区之一，也是中关村科技园区的重要组成部分。园区规划面积 11.48 平方公里，其中包括园区中心区 5 平方公里、中关村国家工程技术创新基地 4 平方公里、中关村生命科学园及三一产业园 2.48 平方公里。

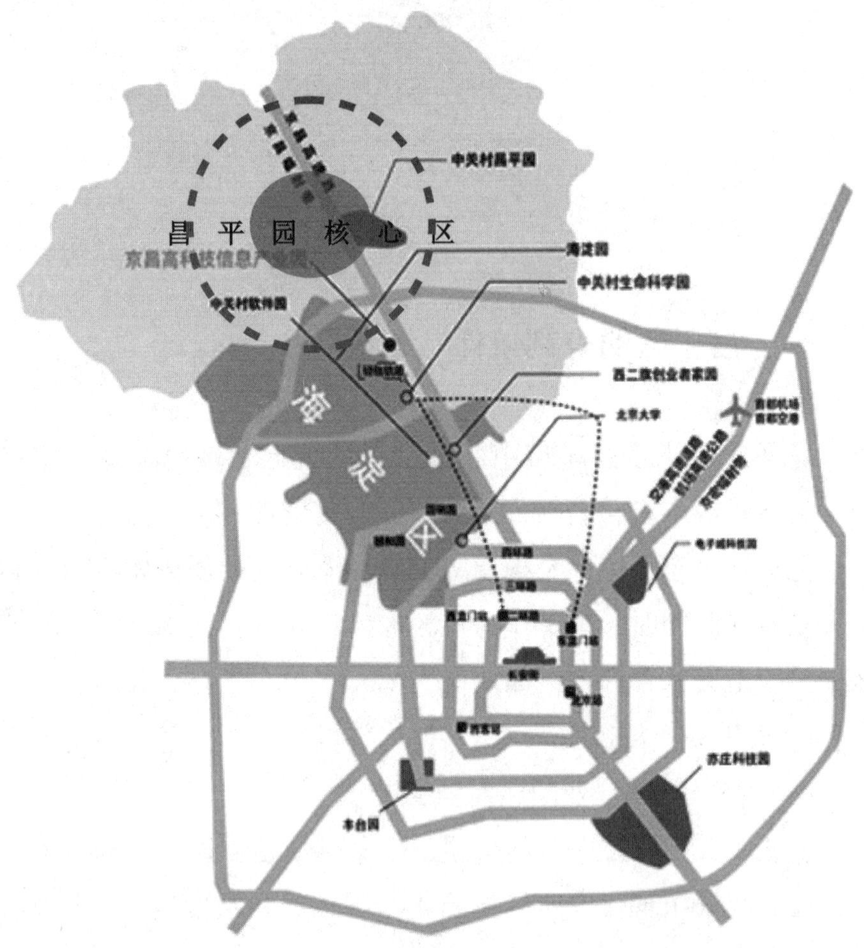

图 2-1　中关村科技园区昌平园位置图

园区在推动全区高新技术产业发展方面发挥了聚集、引领、辐射的示范作用，2008 年入园企业 1500 余家，实现总收入 623.6 亿元，同比增长 18.4%，相对“十五”末近乎翻番；上缴税金 28 亿元，同比增长 25%，相对“十五”末增加 155%。

2008 年，能源科技、现代制造、生物医药、电子信息技术、新材料总收入分别为 291.7 亿元、90.1 亿元、57.1 亿元、83.3 亿元、86.7 亿元，共计 608.9 亿元，占总量的 97.6%。能源科

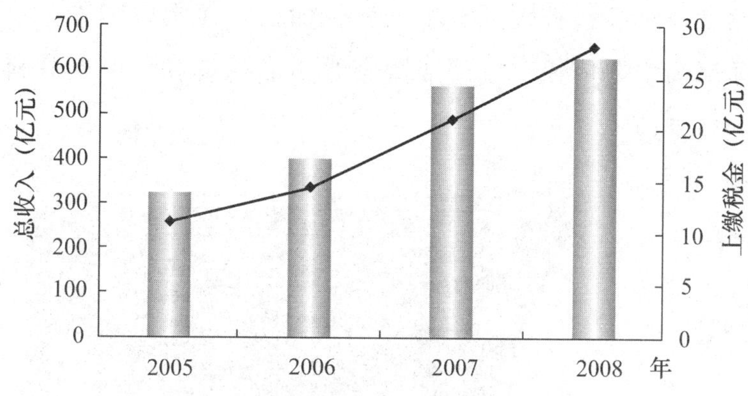

图 2-2　中关村昌平园 05－08 年园区总收入及税金

技产业工业产值占园区总量的近 70%，能源科技产业基地特点凸显；生物医药产业发展良好，成为继能源科技产业之后的第二大纳税产业，上缴税金占总量的近 20%。

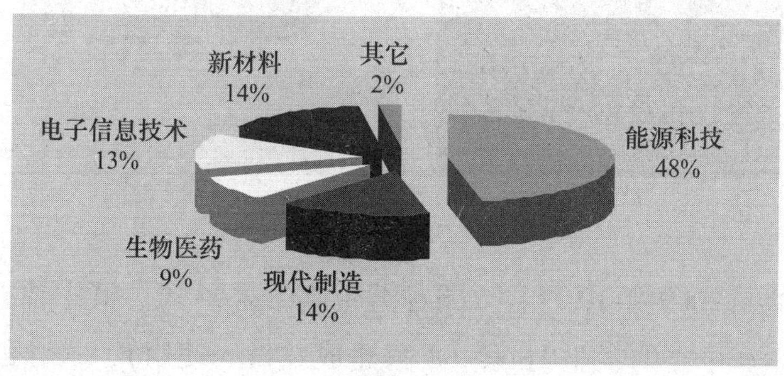

图 2-3　中关村昌平园各个产业收入比例示意图

2008 年，园区收入超亿元的企业将达到 50 家以上，超 10 亿元的企业将达到 10 家左右。园区大中型工业企业数量已占全区总数的 63.4%，一批新兴企业跻身其中，如“神雾热能”、“利德华福”等，成为拉动园区经济增长的新生力量。

中关村生命科学园是北京市政府为落实国务院关于加快中关村科技园建设《批复》的精神，发展首都知识经济，所组织开发建设的专业化高科技园区。中关村生命科学园将以国家生物领域重大项目为主要依托，发展成国家级生命科学和新医药高科技产业的创新基地。

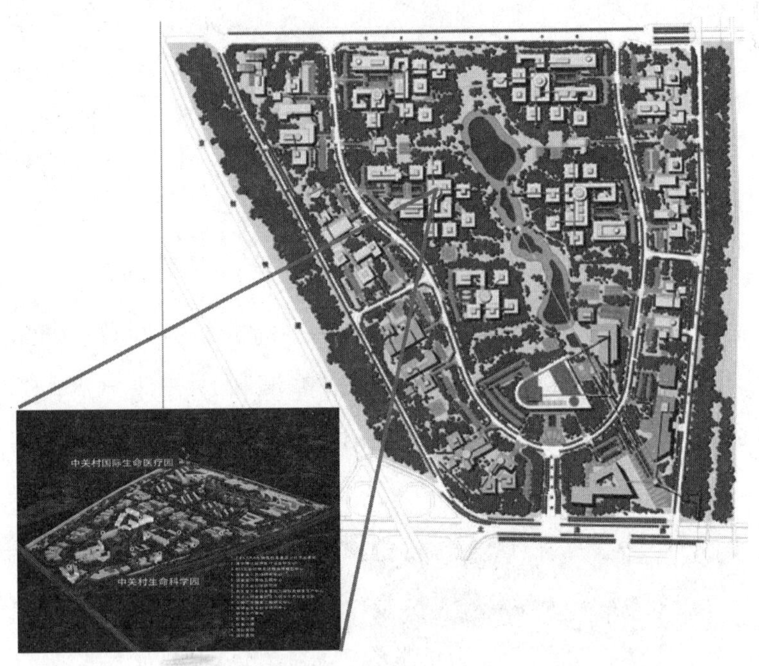

图 2-4　中关村生命科学园规划图

截至 2009 年 10 月，入园各类企业已达 63 家，其中独立自建研发生产中心的企业 21 家（8 家建成并投入使用），入驻创新大厦的科技创新型企业 42 家。入园单位中包括生物芯片国家工程研究中心、蛋白质药物国家工程研究中心、国家 863 实验动物及病理动物模型中心、国家艾滋病检验试剂生产示范基地等国家级的工程化产业项目 7 个，以及美国的健赞公司、瑞士先正达公司和丹麦的诺和诺德公司等国际著名生物技术企业的研发中心 8 家。研发内容涉及生命科学基础研究、生物芯片、蛋白质组学、蛋白质药物、干细胞、基因工程制药、基因工程疫苗、基因治疗、化学药物、天然药物、医疗器械、实验动物、生物医药

CRO、生物农业、生物环保等前沿热点领域，已有海洋生物药物、广谱抗癌药物、抗体药物等三种自主创新药物正在欧洲进行临床试验。

中关村国家工程技术创新基地由科技部和北京市政府共同筹建。该基地集中了一批拥有雄厚技术实力、创新能力和行业技术辐射能力的科研院所。目前，已有18家科研院所达成入驻基地意向，包括：钢铁研究总院、北京有色金属研究总院、煤炭科学研究总院、机械科学研究院、中国农业机械化科学研究院、冶金自动化研究设计院、中国食品发酵工业研究院等，总投资33亿元人民币。

三一产业园坐落在北京市中关村科技园区的核心区——北清路南侧，占地面积201亩，规划建筑面积13万平方米，已建面积7万平米。目前，该产业园内有4家企业入驻，其中以北京市三一重机有限公司和三一电气有限责任公司为主。

2）小汤山现代农业科技示范园发展状况

小汤山农业园经过多年的建设与发展，结合北京现代农业发展的实际需要，突出了科技支撑和产业发展，建成了布局合理、特色鲜明的“七区一园”（即林木种苗区、水产养殖区、果蔬种植区、精准农业区、农产品加工区、园林园艺区、休闲度假区和籽种农业园）；引进和孵化了一批具有国内、国际先进水平的农业高新技术企业，在农业科技成果转化和人才培养方面取得了一定的成绩。目前，园区拥有各类企业31家，企业经营范围涵盖了种苗、养殖、加工、花卉、特菜、精品果、配送及休闲旅游等多个领域。这些企业依据园区“科技示范、辐射带动、旅游观光”的功能定位，立足自身特点，抓住机遇、把握时机，在各自的领域中都取得了较大的发展。截至2008年，共吸引各类投资

30.03 亿元，其中政府投入 3.6 亿，实现产值 6.61 亿元，安排就业约 9800 人。

图 2-5　小汤山现代农业科技示范园现状

3）大学科技园发展状况

华北电力大学科技园是昌平境内的唯一一家大学科技园，筹建于 2001 年，2003 年由北京市科学技术委员会和北京市教育委员会认定为“北京市大学科技园”；2006 年由国家科学技术部和教育部认定为“国家级大学科技园”。同时，华北电力大学科技园包括留学生创业基地、大学生创业基地、科技孵化基地。同时，由华北电力大学科技园、中国政法大学以及北京应用技术大学的校办产业项目组成的“昌平大学科技园”正开工建设。

4）未来科技城发展状况

目前未来科技城仍处于规划和初期建设阶段。按照“研发 + 产业 + 总部”发展模式，未来科技城前期拟引进 14 家实力雄厚的中央企业研发总部入驻园区，除了神华集团北京低碳清洁能源研究所已开工建设外，还包括中海油、国家电网、中国华能、中国电子等14家中央企业，投资项目涉及新能源、现代制造、生物质能、电子、电力、信息、航空等涉及国家安全的战略性产业。

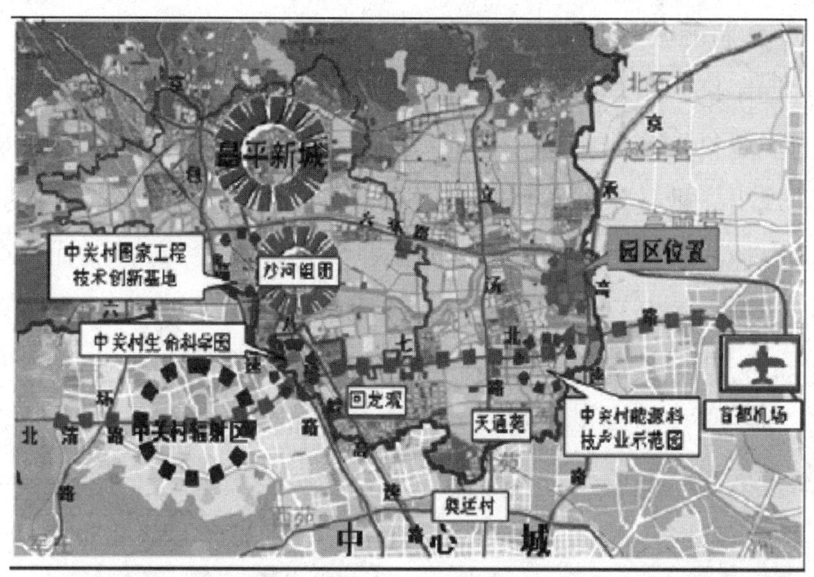

图2-6　未来科技城位置示意图

在投资额方面，央企平均投资额为10亿元人民币左右，可以预计后期创新性R&D支出会进一步增加。在人才需求方面，央企拟引进的人才将以一流海外人才和国内高端研发人才为主，总数15000人左右。因此，未来科技城将是国内外高端人才的重要聚集区。在用地需求方面，多数央企对土地需求数量较大，功能方面将根据未来科技城总体规划和央企特点，以研发用地和公共服务用地为主。在产出方面，根据大多数入驻央企研发机构将从事战略性产业应用技术研发的特点，产出将以技术成果（专利）和条件平台建设（技术研发中心、重点实验室、公共技术服务平台等）为主。

（2）初步形成三大主导产业

目前，全区有科技部认定的高新技术企业345家，中关村认定的高新技术企业800多家，能源科技、生物医药、现代制造已经成为昌平的三大主导产业。

1）新能源产业

近年来，昌平区倾全区之力发展新能源产业，已成为首都重要的能源科技产业基地，新能源科技信息的辐射效应愈发明显。已涌现出一批技术创新和产业化能力在国内外处于领先地位的新能源企业。经过3年的发展，能源科技产业已成为昌平区的支柱产业。现有能源科技企业335家，分布在石油、煤炭、电力等传统能源行业和太阳能、核能、生物质能和节能科技等新兴能源行业，年产出规模413亿元，工业总产值和总收入均占高新技术产业总量的70%。

图2-7　新能源产业著名企业商标

同时，除“神华昌运”、“国电燃料”、“华电煤业”、“清华阳光”等老牌能源科技企业外，一批新崛起的能源科技企业，如为石油勘探、测井等进行技术服务和作业设备研发生产的“中油测井”和“环鼎科技”；对以大排放为特点的传统能源进行排放回流利用的节能技术企业“神雾热能”；已进入国际前沿和领导行业指向的锂离子电池产业代表企业“中信国安盟固利”和

“北大先行”；在风力发电和太阳能光伏发电领域国内领先的“科诺伟业”等企业凭借先进的技术、卓越的创新能力，迅速壮大。

2）生物医药产业

生物医药产业的发展对昌平科技发展也起着举足轻重的作用，目前企业主要包括“诺华制药”、“乐普医疗”、“中生北控”、“北陆药业”等原有的重点生物医药企业，还包括北京生命科学研究所、博奥生物芯片国家工程研究所、美国健赞生物医药公司、丹麦诺和诺德制药公司等多家新的大型国内外研究机构和企业，已初步形成了较为完善的生物医药产业链。生物医药产业范围涵盖生命科学基础研究、生物芯片、蛋白质组学、蛋白质药物、干细胞、基因工程制药、基因工程疫苗、化学药物、医疗器械、生物农业环保等领域。

北京北陆药业股份有限公司
BEIJING BEILU PHARMACEUTICAL CO.,LTD.

图 2-8 生物医药产业著名企业商标

3）现代制造产业

现代制造产业以北汽福田和三一重工为龙头，为昌平带来了巨大的经济效益和社会效益。目前，现代制造产业各大重点项目陆续推进：三一北京制造中心启动建设，福田康明斯发动机生产基地竣工投产，北京

图 2-9 现代制造产业著名企业商标

新能源汽车设计制造产业基地挂牌成立。

(3) 高校资源较为充足

昌平辖区内现有大专院校 43 所，在校师生数达到 20 万人，博士点将达到 300 个以上，硕士点 650 个，占地规模约为 25000 亩。现在昌平区高校共有专兼职教师 9000 余人，其中中国科学院和中国工程院院士 28 人，教授 876 人，副教授 1460 人；高校所属的科研机构 40 个。高校资源将为昌平科技产业发展培育人才以及提供科研成果。

公办大学实力雄厚。中国石油大学、中国政法大学、华北电力大学、北京农学院、北京化工大学是目前五所最大的公办全日制大学，在校本科生约为 57100 人，研究生约为 16744 人，教师总数为 4851 人，硕士点共计 288 个，博士点 88 个，校园占地面积达 4048 亩。这些公办高校的共同特点是，师资力量较为雄厚，办学特色比较鲜明，学生就业率比较高，科研能力也比较强，特别是中国石油大学、华北电力大学等几所规模较大的高等院校，长期坚持走产学研相结合的办学道路，探索形成了各具特色的产学研合作模式，在人才培养、科技创新、科研成果转化等方面具备较为坚实的基础和优势。

民办大学发展迅速。北京吉利大学、北京人文大学等 16 所民办高校在校生现已达到 60000 人，聘任专兼职教师多达 4850 余人，占地面积 6000 余亩。这些民办院校均由社会力量投资兴办，建校时间都比较短，校园占地多为租用，办学经费也多半来自学费收入。在管理体制上，多数实行董事会（理事会）领导下的校（院）长负责制，独立经营、自主办学，比较注重市场和服务意识；在专业设置和人才培养上，紧跟市场需求，注重技能和实践教育，突出实用性，主要培养生产、管理、服务等第一线的基础型人才和应用型人才。

（4）科研机构逐步壮大

目前，昌平区共有科研机构106家，共有从事科研的人员6706人，其中，院士4人，具有博士学位960人、硕士学位1511人，具有高级职称1275人、中级职称的1198人。

其中，中国合格评定国家认可委员会认定的实验室3个，国家重点实验室5个，国家级实验室8个，市级重点实验室6个，国家认定的企业技术中心1个，国家工程研究中心3个，部级研究中心1个，市级企业技术中心12个，市级企业“科技研究开发机构”9个。这些实验室普遍拥有现代化的设施设备，实验领域广泛，涉及生物医药、能源科技、现代制造、农业应用等多个方面，先后承担了一批重大科研项目，并已取得了诸多实验成果和核心技术产品，有些成果和技术产品已步入了世界相关领域的领先行列。同时，这些科研机构普遍重视科技成果的转化和应用，特别是企业内部的研发机构，其研发成果直接为企业生产经营服务，在促进产学研合作方面有着良好的基础和条件，积累了较为丰富的经验。

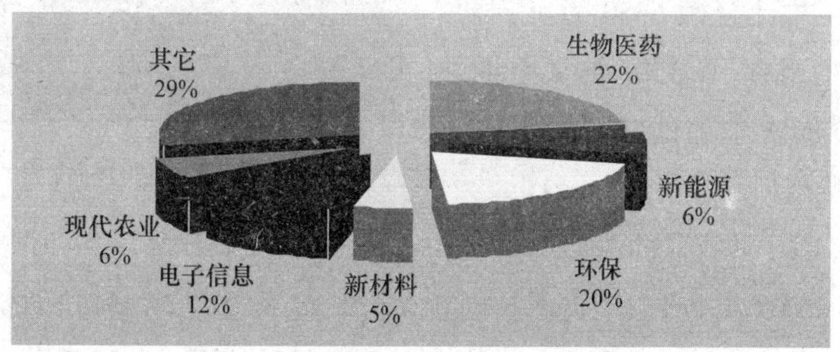

图2-10　科研机构产业研究分布比例示意图

(5) 科技中介机构初步导入

风险投资、风险担保、知识产权代理、资产管理、技术市场等服务机构已初步导入。全区知名商标、著名商标逐渐增加，一批上市企业和即将上市企业正在健康发展。

企业孵化器逐步壮大。昌平区企业孵化协会有14家企业，其中国家级孵化器2家。入住高新技术企业639家，总孵化场地面积为10万平方米，孵育超过300家创业企业，拥有全国首批创业板上市企业3家，已成为促进科技成果向现实生产力转化的重要载体。

中小企业信用促进协会建立。昌平成立的中小企业信用促进协会，吸纳优秀会员210家，帮助昌平区147家中小企业申请贷款10.12亿元、担保机构为中小企业提供8.03亿元担保额度、18家中小企业申请到了国家和市级专项资金，共计金额6350万元。协会还组织了550余家企业、850人次参加的27场次各类免费培训。

图2-11 昌平科技中介机构示意图

(6) 创新政策框架基本建立

2009年昌平区召开科技创新大会颁布了“1+5”科技创新政策，支持企业发展实验室经济、大学发展科技园、全民开展专利创造活动，支持科技中介机构发展，奖励“两类人、三类机构”。同时，坚持“一把手”工程，成立科技创新工作领导小组，书记、区长共同出任组长，建立各委办局为成员的科技创新管理新体制，统领全区科技进步工作，建立健全了三级科技管理体系。

2. 资源要素日益充沛

（1）科技创新人才要素形成集聚

科技人才引进力大加大。近年来，昌平共引进“双高”人才60人，引进非北京生源毕业生1098人。2万名的高素质科技人才进入教育、科技、卫生等系统及高新技术企业工作，其中，科技管理部门中本科及以上学历占80%以上。同时，开展了16个获得国家外国专家局、市外专局的审批资助的引智项目，资助经费共计110多万元，为342名在京外埠人才办理了《北京市工作居住证》。

科技人才培训层次提升。通过“领导干部进高校”大讲堂、“双导师”培训、“走出去”培养等形式，对党政人才、高技能人才、专业技术人才、企业经营管理人才、农村实用人才分层分类进行教育培训和实践锻炼。2008年，全区专业技术人员参加继续教育学习的比例达到96.9%，学习时间累计达到72学时的比例在95.8%以上。全区96%以上的专业技术人员进行了不少于144个学时的继续教育；举办高级研修班12个，其中市级高研班2个。

（2）科技创新资金较大增长

2008年科学技术支出总额为1.02亿元，比2005年提高了2.32倍；而科学技术支出总额占财政一般预算支出的3.09%，比2005年提高了1.38个百分点；昌平区规模以上工业企业技术开发经费占产品销售收入的比例也从2005的3.15%升至2008年的3.2%，达到22.9亿元；各种风险投资基金达到5000万元；获国家以及市级政府科技项目资金支持超过亿元。从2010年开始，区政府每年将安排不少于2亿元财政资金助推科技创新，并帮助区内投资担保公司与国家开发银行北京分行合作，为企业在银行贷款提供支持。

3. 环境要素不断健全

（1）开发区位优势，完善硬环境

区位交通便利。通过贯通七北路，使穿区而过的八达岭高速与连结首都机场的七北路相交，形成便捷交通网络和高科技发展空间，成为适宜创业、居住的理想产业带。

昌平城市建设进一步推进。昌平以打造商务花园城市为抓手，根据昌平新城规划，重点推进新城区、沙河大学科技园、未来科技城、国家工程技术创新基地等的建设。城区各种设施日益完善，网格化管理正在加速进行。创建“国家卫生区、国家生态区和国家文明区”已有序展开。

（2）建设服务型政府，健全软环境

政府职能不断转变。近年来，区政府努力建设公共服务型政

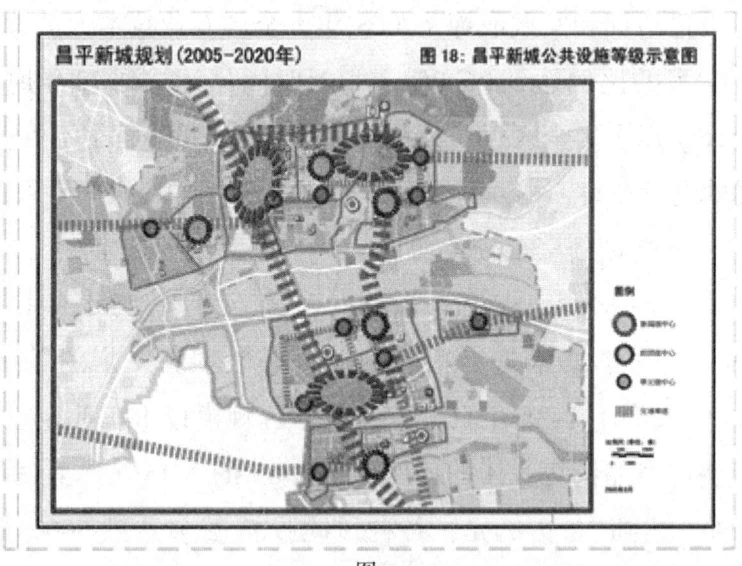

图一

图 2-12　昌平新城规划图

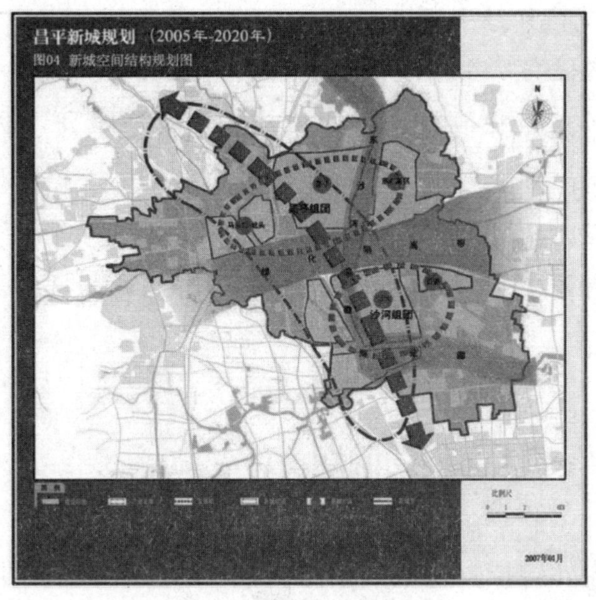

图二

图 2-12　昌平新城规划图

府，通过成立昌平区综合行政服务中心，为企业在昌平创业、发展提供了便捷。

科技创新政策不断完善。昌平区制定了《昌平区扶持企业发展暂行办法》、《关于进一步加强对驻昌高校、科研院所服务与交流的意见》等政策措施。在《大力发展实验室经济，加快构建产学研一体化区域创新体系的意见》的指导下，鼓励企业发展实验室经济，促进产学研一体化科技创新、大学科技园建设以及中介机构发展的政策措施全面出台，使得科技创新的政策环境面貌一新。

良好的社会创新氛围初步建立。为创造有利于创新创业的社会环境，昌平区全力推进“全民学习、全民创业、全民健康和全民绿色”的四大行动，为产学研一体化区域创新体系建设良好的社会氛围。

4. 产学研合作逐步开展

昌平区已有 234 家规模企业与清华大学、中国石油大学、中国科学院等近百家高校、科研单位建立了产学研一体化合作关系，已占到昌平区规模工业企业总数的 36.2%，产学研合作企业的平均利润率超过 15%，高出昌平区平均水平 9 个百分点，产学研一体化合作优势正逐步显现，并全力推动着区域创新体系建设与发展。

二、昌平区面临的问题

与国内外科技发达地区相比，昌平的产学研一体化区域创新体系水平还存在很大差距，主要表现在：

1. “产”、“学”、“研”尚未形成良好衔接

目前，昌平存在着“有米没锅，有锅无米”——产学研脱节错位的窘境。

一方面“有米没锅”，许多科技成果无法就地转化。昌平区拥有清华大学核能与新能源技术研究院、国家蛋白质组研发中心及工程中心、北京生命科学研究所等多个国内外一流的研究机构，然而，这些科研成果着重于基础研究，多数有很高的学术价值，昌平没有本地企业能够对接转化。另外，由于信息沟通渠道不畅、政策和资金扶持不足、工作指导没有及时跟上等原因，各科研机构的实用性科技成果在昌平的转化率比较低，多数是在异地落户结果。

另一方面“有锅无米”，许多企业没有可利用的科技成果。昌平区拥有众多科技型企业，需要不断地技术更新换代，以期增加企业核心竞争力，然而，能够真正按照企业需要进行产业化的

科研成果可谓少之又少，使产学研一体化合作的机会难以形成。

2. 科技中介的服务机构尚处于起步状态

科技中介机构数量较少。目前，昌平区内高质量的企业形态的科技中介组织不足，2009 年昌平区科技创新优秀中介机构奖设立了 10 个名额，只评出 8 家；其中 2 家还是区外机构。

事业性科技中介机构作用有限。在发改委、科委、经信委、财政局等部门中都有协助企业承担对接市级、国家级相关政策的机制，但是由于人力、财力限制成果扩展受到限制。

企业孵化器职能不完善。另外，14 家企业孵化器公司主体业务是物业管理，风险投资、资产管理、成果转化、信息交流等服务水平很低，无法满足高端技术成果转化的企业要求。

3. 中小企业融资难

在昌平区，中小企业占到全区企业总数的 9 成以上，是昌平区经济发展的中流砥柱。但因为融资困难、资金缺乏，发展一直受限，进而影响到了全区的经济发展。根据科委 2009 年产最新调查，近八成的中小企业急需资金支持。中小企业融资困难的根本原因是金融市场不健全，企业融资渠道单一，银行贷款门槛高。没有充足的资金保障，企业无法将更多的技术转化为产业，必然导致规模难以扩大、经营时间短。

4. 人才队伍不稳定

科技人才引进较为困难。过调查，昌平近九成科技企业提到人才引进困难，该问题已成为制约企业发展的瓶颈之一。受制于人才引进政策和区域生活环境，比如户口、住房、家属安置等不能有效解决，基础教育、医疗卫生、交通出行等不能满足高端需求，目前全区的人才队伍还不稳定，流动性大，使企业刚刚培养好的人才外流，给企业造成了一定的损失。目前，人才引进的最关键问题是户籍与住房。

科技人才结构不合理。当前，昌平区传统产业科技人才供给过剩，而新兴的高新技术产业所需要的科技人才供给则明显不足，相当一部分高新技术企业对知识产权专业管理人才、高新技术企业运营人才、高新技术投企业融资人才、各种高新技术专业（主要包括生物医药、新能源、新材料、环保、电子信息、文化创意等产业）顶尖人才等都极其缺少。

科技企业人才培训负担大。由于高新技术企业工作岗位有一定门槛，如果招收刚毕业大学生或研究生，不仅需要花费大量的时间、经费等，而且存在培养的员工直接跳槽到大型高新技术企业的风险，从而使得中小高新技术企业人才外流，损失惨重。

5. 硬环境有待进一步建设

土地等资源较为紧张。全区相对紧缺的土地资源以及相对昂贵的楼宇厂房价格，不仅限制了现有企业的发展空间，而且制约了能源科技、现代制造、生物医药等大型项目的引进。

产业功能区尚处于起步阶段。昌平的几个产业园区相关资源没有得到整合、集群效应水平不高，突出表现在园区没有形成明显的产业链或科技研发链。

功能区外硬件设施建设缓慢。主要体现在面向实验室经济的空间缺少规划，提供给科研使用的写字楼、实验室厂房非常少，现有楼宇的高中低档次配置不合理，部分水、电、网、暖配套设施不健全等等。

6. 软环境有待进一步改善

政务服务环境、体制机制环境和政策法规环境还有进一步改善的必要。对首都科技条件信息服务平台、大型科学仪器共享平台等已有的国家级、市级科技基础条件共享平台利用不够；对来自于发改委、财政部门、工业信息化部门、科技部门等多个部门的科技经费，存在着资金分散、缺乏规划、重复投资等问题；对国家、北京市已有科技创新政策没有完全分析与利用。

全社会科技创新氛围还需进一步调动。昌平区科技创新大会召开后，企业与个人的科技创新积极性已经被调动，但如何将其转化为全社会崇尚科技创新力量，还要有漫长的过程，科技创新的文化氛围亟待提高。

第四章

构建昌平产学研一体化区域创新体系

经过五年左右的努力，力争在“十二五”末，建成昌平特色的“一种模式、两个保障、三项载体、四个系统”的产学研一体化区域创新体系，简称“1234”体系，最终形成以功能完备、运转协调、特色突出、充满活力的产学研一体化区域创新体系。

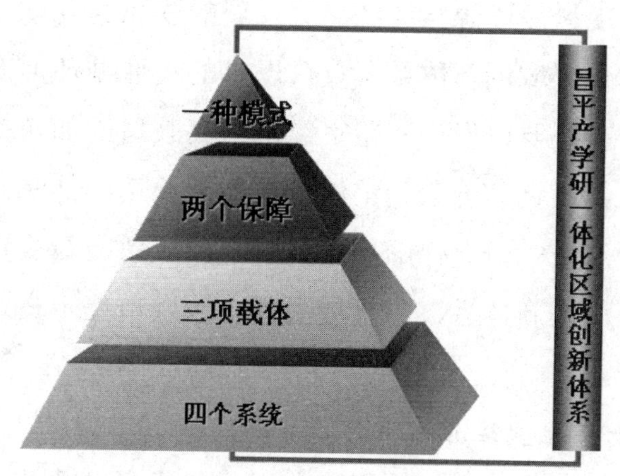

图 3-1　构建昌平产学研一体化区域创新体系示意图

一、一种模式

按照昌平产学研一体化区域创新体系以企业为核心的特点，以及昌平各主体要素的实际情况，“实验室经济”势必成为昌平产学研区域创新体系的一种主要模式。

1. 昌平实验室经济的概念

实验室经济是指："企业通过创造自己的现代化实验室，即依靠自建的实验室或与高校、科研院所的实验室紧密联合，让知识转化为技术，让技术生成产业，形成自己的核心技术与知识产权，成为市场上的自主创新主体，是企业提高核心竞争力，发展经济的一种模式"。

"实验室经济"模式以市场需求为导向，以企业为主体，以实验室为载体，走的是产学研相结合的路子，能够加快推动知识技术化和技术产业化，让越来越多的科研成果走出实验室、走向生产线，实现科教资源与经济社会发展的联系与互动。这与构建产学研一体化区域创新体系所孜孜以求的良性循环形态是相吻合的。因此，有必要以发展实验室经济为突破口，加快推动产学研合作由自发到自觉、分散到整体、短期到长期、低端到高端的转变，不断提升产学研合作的层次、水平和成效，最终构建起产学研一体化区域创新体系，为打造商务花园城市奠定良好的内部结构和组织形态。

2. 昌平实验室经济的特点

实验室经济模式具有市场导向性强、成果转化快，应对金融危机成效明显，一批企业依托实验室的科研力量呈现逆市上扬的态势。

第一，企业依靠自身的实验室或与高校、科研院所的实验室紧密联合，将科研成果快速推上生产线，使其转化为生产力，而实验室也能通过企业这个"桥头堡"，及时获取最新的市场信息，为自身科研方向提供指导，充分体现出"1 +1 >2"的聚合效应。

第二，实验室科研成果产生的核心竞争力和企业敏锐的市场导向性结合在一起，使企业既能迅速嗅到商机，又能将实验室科研成果快速推上生产线，推向市场，构建起“实验室+市场”的新机制。

第三，企业虽然自身科研实力不强，但通过与高校或科研院所的实验室进行联合，同样成为实验室经济模式的实践者和受益者。

3. 昌平实验室经济的四种形式

昌平可以通过以下实验室经济的四种形式发展昌平产学研一体化区域创新体系：

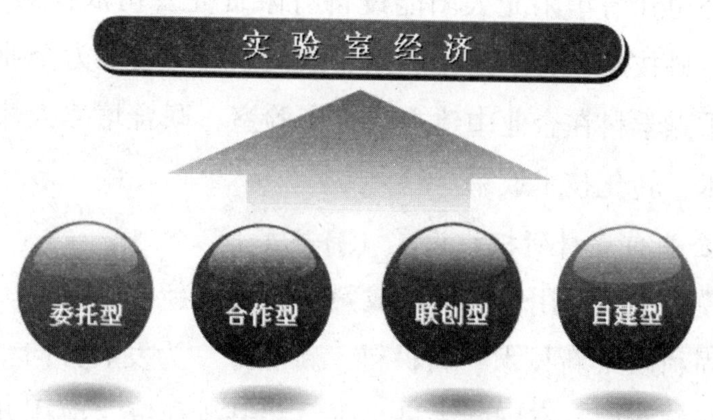

图3-2 昌平实验室经济的四种形式示意图

1. 企业委托科研机构模式（委托型）

本模式主要适用于昌平区处于起步阶段的中小型高新技术企业。如北京市宝辰科技公司、北京中科心益生物科技有限公司、北京三友汇智生物技术有限公司等。表现为企业虽然自身科研实力不强，但是产品已经有市场，急需产业技术更新换代，从而通过委托高校或科研院所的实验室开展科技研究，同时培养自身人才。

2. 企业与企业合作科研机构模式（合作型）

本模式主要适用于昌平区高新技术企业之间技术优势互补。

如神雾热能以开发节能燃烧技术和节能工业炉技术为主，而其节能工业炉中产品中的耐火材料就来自昌平园的另一家高科技企业——利尔耐火材料有限公司。表现为处于同一产业链的企业，通过企业之间技术优势互补，不仅能避免重复科研技术投入，还可以促进企业专业化生产与研究。

3. 企业与科研机构联合创建模式（联创型）

本模式主要适用于昌平区成熟的大中型高新技术企业。如煜邦电力技术有限公司依托华北电力科学研究院、利德华福电气技术有限公司和清华阳光太阳能设备有限责任公司依托清华大学、北大先行科技产业有限公司依托北京大学等。表现为企业出资和高校的重点学科在企业中建立联合实验室，联合培养人才，开发核心技术，转化技术成果。

4. 企业自建科研机构模式（自建型）

本模式主要适用于昌平区成熟的大型高新技术企业。如中信国安盟固利以“新技术、新材料、新能源”为发展方向，已经建立了在同行业内具有国际先进水平，集基础研究、应用开发和规模中试一体化的研究开发中心，成为公司科技创新与产业化的重要支撑。表现为企业一般都建立了自己的研发机构，投重金、聚人才，完成核心技术开发和技术成果转化，形成自主知识产权，提高技术创新能力和市场竞争力。

二、两个保障

环境是建设产学研一体化区域创新体系的重要保障，是巩固产学研成果、吸引产学研企业、留住产学研发展成就的根本。高标准的硬环境为产学研体系提供物质基础，全面的软环境为该体系提供制度保障。昌平在“十二五”应形成“硬环境过硬，软环境不软”的环境要素。

1. 硬环境高标准建成

在“十二五”期间应形成专门为实验室经济发展而进行的土地规划。在各个园区之间、各种企业聚集地之间铺就便捷的交通网络。

按照不同规格建成一批楼宇，满足创业期、发展期、成熟期和腾飞期企业的不同需要。改善现有写字楼宇、实验室以及生产厂房，达到适合相关产业发展的办公、实验以及生产能力。建成一批居住区，为科研人员、企业员工在昌落户和长期发展奠定物质基础。

图3-3　昌平未来楼宇效果图

建成病有所医、老有所养、幼有所学的公共服务体系，解除后顾之忧。网格化管理体系基本成熟，使区域生活更加便利、安全。

2. 软环境全方位改善

创新体制机制，重点是对接好北京市和国家相关政策，用足用好上级政策；建立起更快捷的方式支持科技创新，逐步清理发展中遇到的制度障碍；借鉴外埠经验，改进体制机制。

完善科技创新政策，重点是围绕“能源科技、生物医药、装备制造、现代农业”出台促进发展的政策，全面调动企业、科研机构、中介机构参与积极性；为不同主体的发展创造更大的政策空间，吸引更多企业入昌建设。

政府职能转变基本完成，建成公共服务为主要职能的政府，推进政务公开，电子政务，提高行政效能和透明度。

三、三个载体

在构建产学研一体化区域创新体系的过程中，需要在空间上、政策上、设施上有所依托。昌平大力发展实验室经济，构建产学研一体化区域创新体系的三种主要载体——科技型企业孵化基地、规模产业园区、重点功能区。力争在“十二五”期间建成一批，开发一批，规划一批。

1. 科技型企业孵化基地初具规模

（1）企业孵化器

科技产业园区重点并不是培养、扶植创新型小企业。而企业孵化器的创办正是为了弥补这些缺陷，它致力于培养创新型、技术密集型的新建小企业，通过提供整套服务设施设备和管理咨询服务，使小企业失败率降到最低限度，并通过经营小企业的实践锻炼和企业孵化器的辅导，造就一大批科技型企业家。

目前，昌平主要的科技孵化器企业包括中关村兴业（北京）高科技孵化器股份有限公司、北京昌科晨宇科技企业孵化器有限公司、北京北控高科技孵化器有限公司等10家孵化器，主要扶持生物医药、新材料、能源环保、电子信息、文化创意五大重点领域，已经培育出一大批技术含量高、发展迅速的高新技术企业，孵育超过300家科技中小企业。企业孵化器已经成为昌平加

图3-4　昌平科技孵化器效果图

强产学研一体化、扶植小企业的一种有效模式。昌平应该建成4类专业的企业孵化器，围绕能源科技、生物医药、现代制造、现代农业等不同产业，分别提供各有侧重的孵化服务和企业指导。

（2）大学科技园

几十年来，根据中外大学科技园建设的经验，我们得知：大学科技园被公认是推动科技创新、孵化新技术产品、建立和发展高新技术企业，进而推动区域经济和社会快速发展的最有效的途径之一。

目前，昌平区只有唯一一家大学科技园——华北电力大学科技园，产学研一体化区域创新体系大学科技园模式还相当薄弱，发展潜力极大。

根据昌平研究型的大学少，重点大学分校多的现状。应该采用以政府为主导，以大学群为依托，统一布局，按照“区校共建、多校一园”模式建设多元参与型大学科技园。

大学科技园的布局应以昌平两大高校组团为依托，可以规划建设：

1）以华北电力大学、中国政法大学、北京应用技术大学等回龙观文化区高校群为依托的昌平大学科技园。

2）以北京航空航天大学、北京邮电大学等沙河高教园区高校群为依托的高教园区大学科技园。

2. 规模产业园区高标准建成

全面打造京北高科技走廊，高标准建成未来科技城、中关村国家工程创新基地、昌平园东区、北京工程机械产业基地、小汤山现代农业科技示范园、宏福创业园等综合产业园的开发建设。

（1）未来科技城

未来科技城规划用地面积约 10 平方公里，按照“研发 + 产业 + 总部”发展模式，未来科技城拟引进 14 家实力雄厚的中央企业研发总部入驻园区，投资项目涉及新能源、现代制造、生物质能、电子、电力、信息、航空等涉及国家安全的战略性产业。

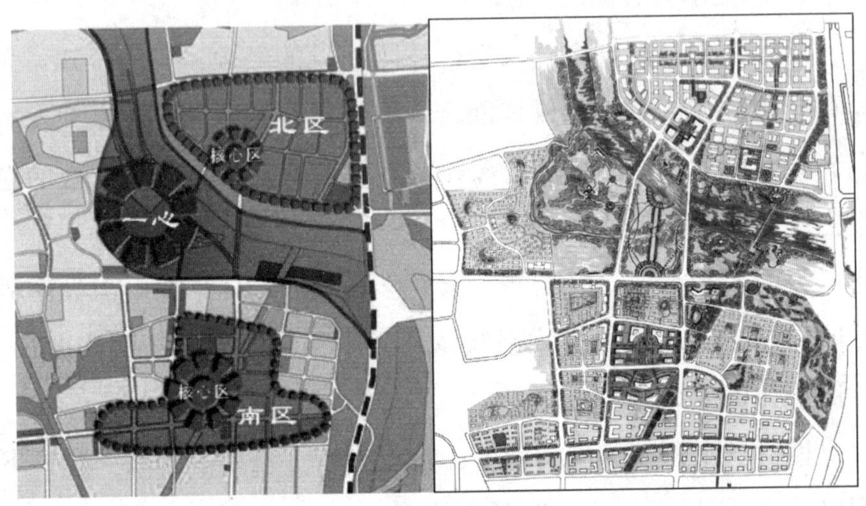

图 3-5　未来科技城相关规划图

（2）中关村国家工程创新基地

创新基地规划面积398.88公顷，作为国家级的工程技术创新基地，预计总投资规模为300亿元。其功能定位是能源、科技、关键材料、核心零部件和重大装备的研发基地；检测实验、情报信息、技术交易、企业孵化和人才培训的技术服务基地；推动应用型院所深化改革和产业化发展的示范基地；承载国家中长期科技规划中若干产业前沿攻关项目的技术集成创新基地。

（3）昌平园东区

中关村科技园区昌平园东区规划面积169.68公顷，作为中关村科技园区昌平园的重要组成部分，是国家级高新技术研发及产业化基地。园区将以能源科技、生物医药和现代制造业为主导产业，依托产业集聚优势，发挥龙头企业带动作用。

（4）北京工程机械产业基地

将围绕高端工程机械整机项目，吸引产业链中的上下游——整机设备研制、关键零部件生产以及相关服务性企业入驻，做大产业集群，推动工程机械与生产性服务业的融合发展，打造成为一个工程机械创新与产业发展的龙头示范项目。

3. 重点功能区有序建设

有序推进清华核电科技园、北京新能源汽车设计制造产业基地、三一北京制造中心、十三陵明文化创意产业集聚区、咨询产业集聚区、户外体育休闲运动集聚区、国际信息园、昌平物流园区、生物医药研发服务外包示范区的建设。

（1）清华核电科技园

由清华大学核能与新能源技术研究院牵头，整合国家核电技术公司、华能集团、中国核电工程公司、中核能源科技公司等资源，在核电相关的研发、设计、装备等方面开展研究，预计建设反应堆工程实验室、尖端科学技术平台、先进成形制造平台、能源工程研究基地、环境工程研究基地等多个项目，将承担国家核电、能源等方面的重大科研专项。

(2) 北京新能源汽车设计制造产业基地

本项目由北汽福田汽车股份有限公司主要承担，拟建设5大新能源汽车整车设计制造工程中心，6大关键部件技术研发制造试验检测中心和7大节能减排重点实验室，将建设成为我国规模最大、品种最全的新能源汽车设计制造基地。

(3) 三一北京制造中心

本项目由三一集团有限公司主要承担，重点建设“三一桩机园”和“三一电气园”，致力于各类基础施工机械产品、新能源及自动化装备、工程机械配套产品设计、研发、制造和销售。

(4) 十三陵明文化创意产业集聚区

依托以“明文化”为代表的传统文化，着力建设高端文化旅游区、数字化文博基地、特色高端会展中心、明文化影视基地、明文化体验中心、传统文化主题动漫游戏研发中心等一批项目，打造以“大十三陵”为品牌的多领域、综合型文化创意产业集聚区。

四、四个系统

昌平区产学研一体化区域创新体系，建设重点是四个主体系统：一是以高校与科研院所为依托的知识创新系统，二是以企业为主体的技术创新系统，三是以生产性服务业为引领的成果转化服务系统，四是以昌平政府为主导的组织协调系统。

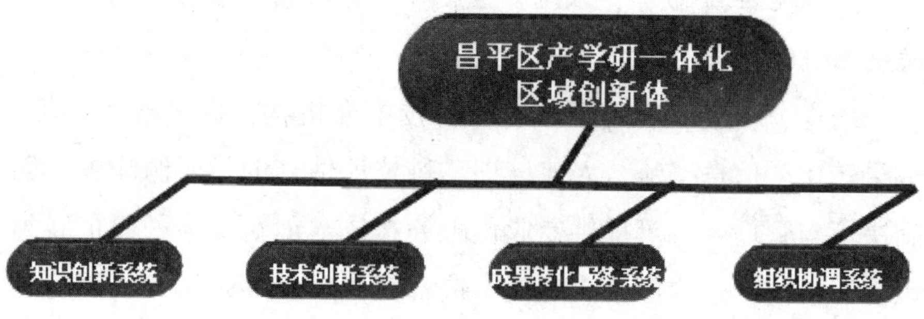

图 3-6　昌平四个主体系统示意图

1. 依照企业需求，以高校与科研机构为依托的知识创新系统初步形成

在企业科研需求之上，形成各地区、各层次的高校和科研机构的创新资源与区内企业的研发需求相对接，通过合作共建研究开发机构、共同承担科技项目等多种形式，形成稳定的产学研合作机制；围绕昌平建设的重点领域和关键环节，拉动高校及科研机构依托重点实验室、工程中心、技术研究中心等，积极争取一批国家和市级重大科技项目落户昌平；促成大学和企业联合建立人才培养机构和人才培养基地，培养符合昌平经济社会发展需要的各类专业性、复合性人才。

2. 围绕主导产业，以企业为主体的技术创新系统全面展开

大型企业全部拥有自办技术研发中心、工程中心等研发机构、研发资源，R&D 经费支出年均增长投入 20%、投入强度达到 2%；企业与科研机构共建实验室，开展委托研发、技术入股、投资入股等多种形式的产学研合作等创新活动广发开展；吸引一批跨国公司和国内大企业在昌平投资设立研发中心或研发总部；以共建实验室、人才交流、研发外包等形式，使创新资源进一步凝聚。

3. 加强中介服务，以生产性服务业为引领的成果转化服务系统全面进驻

培育、引进、利用区域内外科技中介机构，促进技术扩散、成果转化、信息交流、人才培训、科技评估、创新资源配置、创新决策与管理咨询等提供专业化服务；技术创新战略联盟扩展到以能源科技、生物医药、现代制造、现代农业等领域，联盟的共同研发创新能力、创制标准水平、开发市场动能和国际参与频率全面提升；积极联络一批具有技术转移功能的地区性服务机构，搭建科学技术交易平台。

4. 深化体制机制改革，完善以昌平政府为主导的组织协调体系

科技管理体制继续深入，领导责任制与三级科技管理体系效能充分显现，科技专项经费的科学管理机制全面落实；科技评审和评估制度得到完善，昌平科技奖励制度与政策探索实施开放实验室工程，鼓励企业、科研院所、高等院校利用已有的研发平台、科技资源共享平台、科技信息平台和行业共性技术研发平台全方位实施。

第五章

发展目标：打造京北科技创新中心

借助市委、市政府统筹海淀和昌平资源以及建设北部高新技术产业带的重大契机，以构筑昌平产学研一体化区域创新体系为基础，全面整合创新资源，汇聚创新要素，优化创新环境，培育创新文化，沿京北高科技走廊，聚集世界一流科技人才，积极承接国家、市级重大科技项目，努力把昌平建设为国际科技研发中心、国际科技中介服务中心、国际高端人才聚集中心和国际科技产业中心，最终打造成为京北科技创新中心。到 2015 年（即“十二五”末），建成具有一定规模的科技成果转化和产业化项目 100 个，优秀高新技术企业达到 300 家，产学研一体化创新企业发展到 400 家，引进高新技术科技人才 15000 人，高新技术产业增加值占地区生产总值的比重达到 30% 以上。

一、依托京北高科技产业走廊

京北高科技产业走廊由八达岭高速路沿线产业轴和七北路沿线产业轴共同构成。其中，八达岭高速路沿线聚集了中关村科技园区昌平园、中关村生命科学园、中关村国家工程技术创新基地 3 个国家级高科技产业园区；七北路西接北清路，东连机场北线，拟借助中关村科技园区和首都机场临空经济区的“双轮驱动”，加强沿线土地资源整合，集聚国家级、市级重大科技项目，发展高科技产业和生产性服务业，与八达岭高速路沿线产业轴形成

“金十字”布局。

最终，重点扩大八达岭高速路沿线以及七北路沿线科技产业带规模，深入完善以京北高科技产业走廊为重点的产业空间布局。

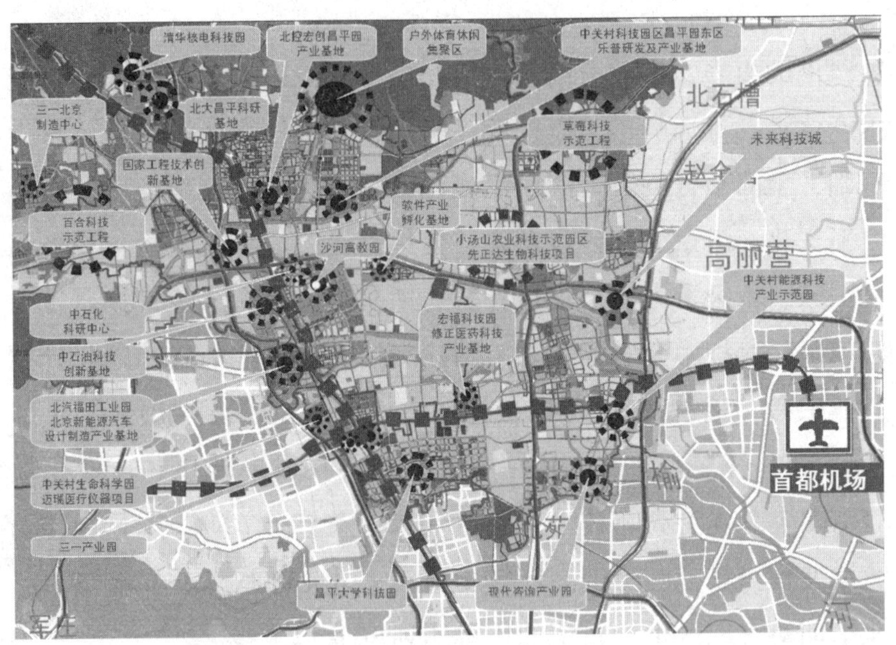

二、构筑首都人才新高地

以未来科技城建设为契机，积极引进在业内有重大影响、具有科技研发国际前瞻力的战略科学家；集聚掌握行业核心技术、具有旺盛创造力的研发领军人才；培养精通研发技能、掌握关键技术的科研骨干，形成一批国际一流、结构合理的研发团队，构筑首都人才新高地。

1. 重点学科带头人发展计划

通过对接“新世纪百千万人才工程”以及北京市“科技新

星计划”，根据昌平重点学科发展的要求，加快学术技术带头人的培养。通过昌平科技项目实施，带动和促进能源科技、生物医药、现代制造、现代农业、文化创意等重点学科带头人和优秀人才团体的成长。顺应科技创新的跨学科趋势，与昌平本地高校、研究院所联合，加快人才培养结构的改革，鼓励科技研发的跨学科合作，推动人才跨学科流动和跨学科学术交流，加快跨学科复合型人才的成长。

2. 海外高层次人才发展计划

为贯彻国家“千人计划”以及北京市“海外人才聚集工程”，落实未来科技城科技人才“十百千工程”，积极吸引海外高层次人才来昌平创新创业。积极参与全球人才竞争，大力引进国际顶尖的优秀科技人才，形成境外研究人员聘用机制。加快培养一支面向全球的具有较强国际竞争力的科技创新人才队伍。

3. 昌平青年创业者发展计划

大力扶持人才创业创新，成立北京市昌平区青年创业促进中心，负责统筹、指导、协调青年创业者在昌平创业的有关事宜，同时引导建立青年创业合作组织，加强创业青年内部交流以及创业青年与社会各界的交流。建立青年创业就业见习基地，开展创业培训和辅导，积极开展创业就业教育培训、咨询等服务，引导青年创业者通过培训取得相应的资格证书。

4. “昌平研究生社会实践基地”发展计划

以4大科技产业园区、1个大学科技园与大型科技企业为基地，通过发挥社会实践基地优势，提升在校研究生动手实践能力，以科技研发、创新课题为导向，形成一支有相当规模和质量的专业人才队伍，为昌平各个产业的持续健康发展保驾护航。

三、推进科技重点项目与重点工程

以京北高科技产业走廊为重点的产业空间布局，加大推进能源科技、生物医药、现代制造、现代农业、文化创意、现代旅游等产业的重点科技项目建设进度，提升昌平产业科技含量，积极打造京北科技创新中心。

1. 能源科技产业

以中石化科研中心、中石油科技创新基地、北京神雾热能节能减排科研基地建设为契机，围绕石油、化工、冶金的行业，大力推进能源科技产学研一体化，实现产业规模升级、技术升级。

(1) 中石油科技创新基地

本项目由中国石油天然气集团公司主要承担，将形成科研办公、科研试验、公共服务三大功能区，拟入驻钻井工程技术研究

图 4-2　中石油科技创新基地效果图

院、石油化工研究院、规划总院、安全环保技术研究院、北京数据中心、北京测井技术研究中心、北京石油机械厂、中石油（北京）科技开发有限公司等一批科研机构和单位，将在物探测井、钻井完井、地面工程、井下作业等方面开展新技术、新产品研发，建成集科技创新、研究试验、产品开发和机械制造于一体的国际一流的石油工程技术研发与装备制造基地。

（2）中石化科研中心

本项目由中国石化集团公司公司主要承担，将形成实验、办公、数据中心、档案四大功能区，拟入驻科研机构以及单位包括中国石化所属的石油勘探开发研究院、石油工程技术研究院、信息部数据中心，将在油气勘探开发、炼油化工等方面开展新技术、新产品的研发工作。

（3）北京神雾热能节能减排科研基地

本项目由北京神雾热能技术有限公司主要负责，新建蓄热式工业炉燃烧技术实验室、蓄热式锅炉实验室、蓄热式煤基转底炉直接还原实验室、气基竖炉直接还原实验室、煤气化与煤化工实验室、蓄热式气化熔融城市固体垃圾焚烧实验室6个具有国际先进水平的实验室，主要承担市级、国家以及有关国际机构在化石能源节能减排领域的重大科研课题。

2. 生物医药产业

以美国健赞医药项目、修正医药科技产业基地、乐普研发及产业基地、迈瑞医疗仪器项目建设为契机，围绕中药、保健品、医疗器械、生物疫苗、诊断试剂等行业，大力推进生物医药产学研一体化，实现产业规模升级、技术升级。

（1）美国健赞北京研发及实验室生产基地

本项目由美国健赞有限公司主要承担，将开展涉及包括癌

图 4-3　北京神雾热能节能减排科研基地效果图

症、骨科、免疫以及心血管疾病在内的多个关键领域的研究，将建设成为健赞公司在美国之外的第二大以产品为主的研发基地，同时成为健赞公司在亚太地区研发工作的核心。

（2）修正医药科技产业基地

本项目由修正制药有限公司主要承担，建设内容包括修正药业集团研发总部、中药研究院、药膳研究院、营销总公司、北京修正制药有限公司以及国家级中药过程控制实验室，将建成我国最大的中药现代化研发基地。

（3）乐普研发及产业基地

本项目由乐普（北京）医疗器械股份有限公司主要承担，主要建设产品研发工程中心，开展心血管药物支架及输送系统生产线技术改造、介入导管扩产及技术改造等研究。

（4）迈瑞医疗仪器项目

本项目由深圳迈瑞生物医疗电子股份有限公司主要承担，主要建设迈瑞研究院，开展现代医疗器械设计与研发。

3. 现代制造产业

以三一北京制造中心、北京新能源汽车设计制造产业基地建设为契机，围绕工程机械、新能源、自动化装备等行业，大力推进现代制造产学研一体化，实现产业规模升级、技术升级。

（1）三一北京制造中心

本项目由三一集团有限公司主要承担，重点建设“三一桩机园”和“三一电气园”，致力于各类基础施工机械产品、新能源及自动化装备、工程机械配套产品设计、研发、制造和销售。

（2）北京新能源汽车设计制造产业基地

本项目由北汽福田汽车股份有限公司主要承担，拟建设5大新能源汽车整车设计制造工程中心，6大关键部件技术研发制造试验检测中心和7大节能减排重点实验室，将建设成为我国规模最大、品种最全的新能源汽车设计制造基地。

4. 现代农业产业

加快小汤山现代农业园区的提升工程，建设新型的农业科技创新基地，以先正达生物科技项目、草莓科技示范工程、百合治沙科技示范工程建设为契机，创新、引进和推广一批农作物优新品种和先进技术、全面普及标准化生产技术。

（1）先正达生物科技项目

本项目由先正达生物科技（中国）有限公司主要承担，将开展转基因农作物品种的选育和试验，打造具有示范效应的全国一流温室实验基地，成为世界生物技术创新和合作的科研基地。

（2）草莓科技示范工程

通过实施“一个品牌、两个标准、三个基地、三个体系”的“1233”工程，打造经济、社会、生态效益相统一、规模化、集约化的精品草莓产业基地。同时，推进“一园两中心”项目

（即精品草莓观光园、培训展示中心和加工物流中心），完善办会及产业配套服务设施，进一步提升草莓产业化发展水平。

（3）百合治沙科技示范工程

建立百合技术发展中心，1000 栋节能日光温室，继续研究基质配方、栽培技术、轮作模型、采收技术等关键技术，开展光照控制技术、景观绿化技术、优良种球繁育和种球国产化新品种配套技术的研究。

5. 文化创意产业

以十三陵明文化创意产业集聚区建设为契机，重点支持文化演出，动漫游戏研发制作，数字多媒体，艺术原创，广播影视节目制作和交易，广告会展，旅游、休闲娱乐服务等方面的产学研一体化。

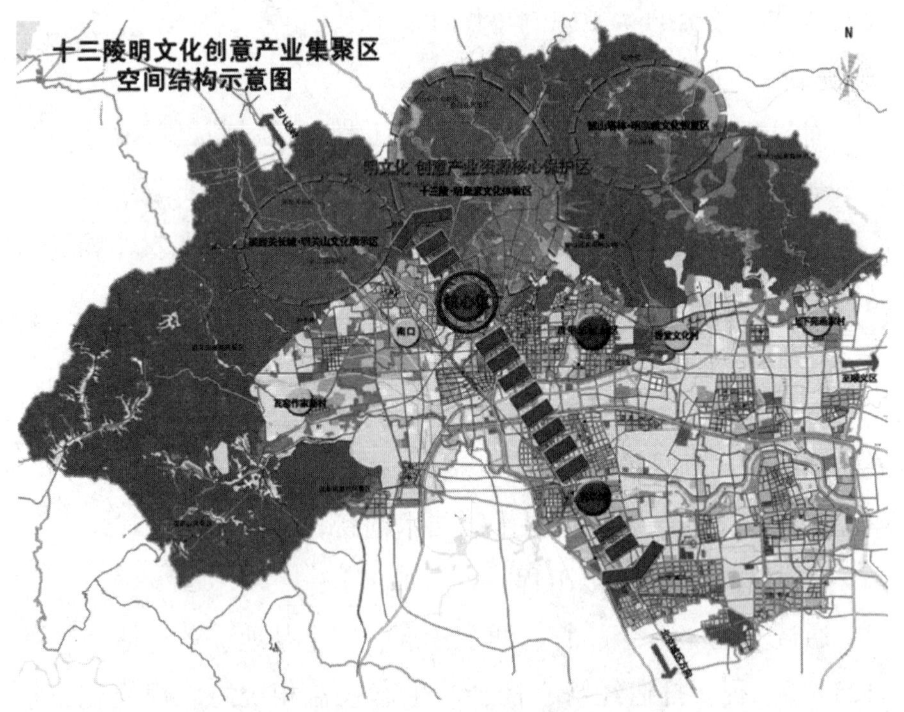

图 4-4　十三陵明文化创意产业集聚区空间结构示意图

（1）十三陵明文化创意产业集聚区

依托以“明文化”为代表的传统文化，着力建设高端文化旅游区、数字化文博基地、特色高端会展中心、明文化影视基地、明文化体验中心、传统文化主题动漫游戏研发中心等一批项目，打造以“大十三陵”为品牌的多领域、综合型文化创意产业集聚区。

6. 现代旅游产业

以十三陵户外休闲运动集聚区建设为契机，运用先进科技技术手段和信息化技术，鼓励应用高新技术开发特色旅游产品，提高明十三陵、小汤山温泉等旅游资源科技含量。

（1）十三陵户外休闲运动集聚区

建设户外运动公园、水上运动基地、北京青少年阳光运动国际交流中心、北京燕子口国际文化体育休闲创意园等重点项目，成为昌平区具有较强产业辐射能力的体育科技功能区。

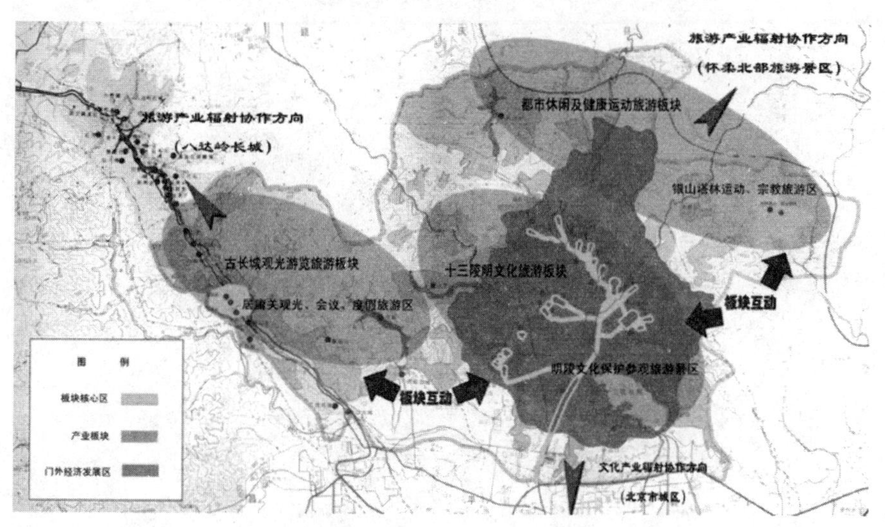

图 4-5　昌平北部旅游功能区示意图

第六章

昌平产学研一体化区域创新体系的策略建议

按照对昌平现状的分析，根据昌平产学研一体化区域创新体系的总要求和“1234”发展规划，昌平最终将形成“一个中心，三个向外，环境开放，产业聚集”的科技创新格局，打造京北科技创新中心（图5-1）。

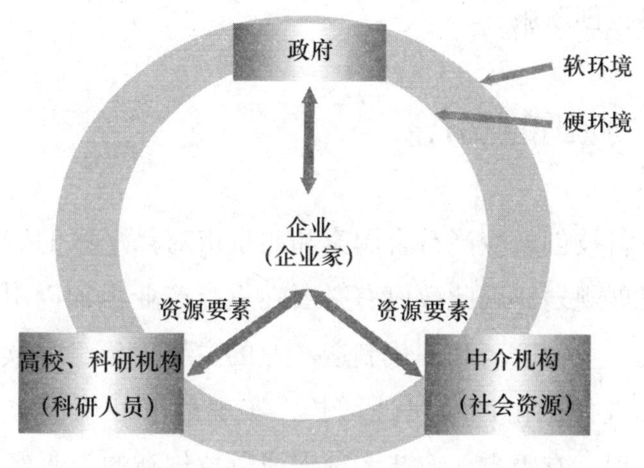

图5-1　昌平区最终实现产学研一体化区域创新体系示意图

“一个中心”就是以企业为科技创新的中心；“三个向外”指政府、科研机构、中介机构这三个主体既可以是昌平的，也可以利用上级政策，外来资源服务昌平科技创新；“环境开放”既是对外开放，允许各类组织建设昌平科技创新环境，也是对内开放满足各主体的全面科技创新需求；“产业聚集”是指在政府的引导下有计划、有重点、有步骤的发展各类产业。

因此昌平科技创新的总策略是：“突出企业核心，加强重点引导；完善软硬环境，调动内外资源；衔接上级政策，借助域外服务”。

一、突出企业核心

昌平须不断加强和完善企业的科技创新主体地位，围绕企业需求做好服务工作，始终不渝的将科技型企业服务好。在突出企业创新核心地位上，政府需一切科技创新政策都应围绕企业制定，一切科技创新资源都应优先企业使用，一切政府部门都应为企业的科技创新服务。

二、加强重点引导

企业科技创新应当符合国家和北京市对昌平区的定位和昌平自身的发展规划，因此政府有必要在重点产业上加以引导，加强能源科技、生物医药和现代制造产业的主导地位，继续培育文化创意以及现代旅游产业迅速增长，实现都市型现代农业高端发展，有计划、有重点、有步骤地促成科技创新的产业聚集。

三、完善软硬环境

全面打造商务花园城市，使昌平成为环境优美，交通便利，基础设施齐备的城市发展新区。通过构筑一流的工作、休闲、居住网络，吸引创新型企业入驻、科研机构加盟和高端人才落户。

围绕打造京北高科技走廊，着力抓好规模产业区、重点功能区与高科技企业孵化器的开发和建设，围绕具有产业基础的能源科技、生物医药、现代制造支柱产业，继续推进重点产业功能区的建设。充分发挥规划、土地、财政等方面的职能作用，着力推进基础设施建设，全面提升各功能区的承载力和吸引力。

加强“1+5”政策体系的落实，不断优化政务环境，简化审批手续，提高行政效率，树立良好政府形象和政府信誉。为企业提供人才、信息、咨询、培训等多方位服务。完善区综合行政服务中心为企业在银行信贷、土地审批、证照办理、税收管理等方面提供的服务职能，设立科技成果转化服务窗口，推行科技成果转化“一条龙”服务、“一站式”办公。

由专门机构或部门负责，全面整合各部门科技经费，统一规划与协调，加强项目管理和资金使用，推进科技资金以参股、控股等多种方式对有发展潜力、未来营运前景良好的创业型科技企业进行扶持，促使科技资金良性循环。

四、调动内外资源

1. 充分调动区域内的资金、人才资源。广泛吸引社会投资，支持企业采取风险投资、创业投资等直接融资形式；要着力完善中小企业融资服务大厅的功能，整合区域内银行机构和担保机构资源，落实昌平与国开行的担保协议，完善银企合作机制，推进信用体系建设，进一步拓宽担保贷款、抵押贷款和信用贷款等间接融资渠道；充分利用现有资本市场，推荐有实力、成长性强的高新技术企业在国内外主板和创业板资本市场上市；要继续加大政府扶持力度，积极争取国家级、市级的专项资金支持，用足用好区中小企业发展专项资金，引导企业加快推动自主创新。

利用北京市关于人才引进的相关政策，争取引进更多人才；

区内户籍等政策应向有利于产学研一体化区域创新体系发展的范围内使用。探索人才使用的新方式，以生活待遇、社会尊严、政治地位留住紧缺人才。

2. 加大对资本、技术、管理、产品以及人才的引进力度，吸引更多的研发中心、结算中心、地区性总部、大型金融机构等落户功能区，形成产业集群、完善产业链条，要坚持“成为一流的科研人才的聚集高地，成为引领科技创新的研发平台，成为全新运行机制的人才特区”的定位。

五、衔接上级政策

对于国家、北京市已有的科技创新政策，还需要深入研究。鼓励企业积极争取国家和市级的政策支持。鼓励昌平的企业、高校与科研院所利用国家级、市级科技基础条件共享平台，并制定相关补贴政策。对于国家和市级重大科技项目落户昌平，要给予企业、高校和科研机构配套科技经费。与接受昌平科技专项资金的高校、科研机构以及企业签署战略合作协议以及成果就地转化协议。

昌平要将自身主导产业与国家和北京市产业发展方向进行比照，发掘上级政策着力点，在政策着力点上继续发力，起到以小搏大的效果。重点要衔接好能源、低碳、生物医药的政策。

六、鼓励中介服务

面对昌平创新主体和资源要素不足的情况，要坚持“借梯登高、借船出海”的策略，不求所有，但求所用。无论中介机构在哪里注册，无论科研成果出自何方，无论资金来自何处，无论人才户籍所属，只要是合理合法地为昌平科技创新服务，为昌平企业发展服务，都应给予支持。一方面节约昌平社会成本，一方面吸纳全国乃至全世界资源为昌平助力。由于人才、资金等资源要素上文已经论述，此处借助域外服务主要体现在中介和科研成果方面。

1. 吸引中介机构服务昌平

（1）利用好技术交易中心。要以北京市建设“中国技术交易所”、“全国技术交易中心”和“全国专利交易中心”为契机，积极联络一批具有技术转移功能的地区性服务机构，形成技术产权挂牌竞价、交易、结算等规范服务，为买卖双方提供高效交易平台，使昌平成为技术交易十分活跃的地区之一。

（2）对为昌平科技创新服务的券商、投融资公司、律师事务所、会计师事务所等中介机构一视同仁。在政策上不分内外，只要为昌平科技型企业创新或发展提供服务，就可以享受到政府的政策支持，积极引导中介机构积极服务昌平企业。

（3）鼓励企业走出去寻求资源和帮助。面对企业创新过程中遇到的问题，如果是昌平区域内不具备条件解决或者解决条件不成熟的，那就需要鼓励企业寻求区域外的各方面帮助。这样既为企业度过的难关，也为昌平成立和发展中介机构带来了可贵的经验。

（4）大力引进国内外知名咨询机构。通过引进建立2～3家具有较强影响力、国内一流的科技咨询机构，重点培育为中小企业服务的咨询市场，加快发展技术研发和科技咨询业。

2. 促进科研资源为昌平服务

（1）利用研究实验基地与大型科学仪器设备共享平台。对接国家和市级首都技条件信息服务平台、北京科学仪器装备协作服务中心等科技基础条件共享平台，重点利用食品安全技术检测、药物安全性评价平台、汽车产品综合检测平台，发挥国家级和市级计量、检测机构的作用。

（2）利用全社会的科研力量，研究昌平企业的创新课题。在保证知识产权的前提下，应当允许企业将课题拿到昌平之外的高校、科研机构进行研究。支持区内企业与更广范围内的高校、科研机构进行合作。在节约了我区研发成本的同时，使企业需求得到了最大化满足。在政策允许的范围内，充分利用昌平之外科技创新成果。对区内企业购买昌平之外的科研成果在本地进行转化的也应予以支持。

昌平区要通过充分地调动各方面力量，加快推动产学研合作由自发到自觉、分散到整体、短期到长期、低端到高端的转变，把产学研合作提升到多层次、高水平和见成效的新阶段，使更多企业与高校科研机构成为产学研一体化、发展一体化、命运一体化，努力把昌平建设成为京北地区科技创新中心、全国最具活力实验室经济区和海内外高层次人才创新创业基地，主导产业特色突出的产学研一体化区域创新体系。

下篇　专题研究

第一章

研究的必要性与基本思路

一、研究背景

进入21世纪，经济全球化进程明显加快，世界新科技革命发展的势头更加迅猛，一系列新的重大科学发现和技术发明，正在以更快的速度转化为现实生产力，深刻改变着经济社会的面貌。科学技术推动经济发展、促进社会进步的主导作用更加凸显，以科技创新为基础的国际竞争更加激烈。世界主要国家都把科技创新作为重要的国家战略，把科技投入作为战略性投入，把发展战略技术及产业作为实现跨越的重要突破口。

发达国家凭借其坚实的科技基础、高效的创新体系，使科技源源不断地生产出来并迅速转化为商业价值和社会价值，处在全球科技社会发展的“领跑者”行列。发达国家在加速进入知识社会的同时，凭借强大的科技储备和应用能力，充分利用知识产权、技术标准等工具，制约和削弱发展中国家的竞争力，使广大发展中国家在全球的科技竞争中处于被动地位。由于科技全球化的速度加快，自主创新能力已经成为决定性的因素。过去的竞争是某一个技术的竞争，现在科学技术的竞争是全方位的竞争，从资源竞争到市场竞争，从人才竞争到信息的占领以及核心技术的占领，甚至于在推动科学技术资本要素方面的这种竞争越来越激烈，也就是说是空前的活跃。就拿美国来说，他对人才的竞争是绝对没有放松的，美国吸引了世界40%的科技移民，全世界美国的科技人员有40%是来自于世界各国，其中40%当中有70%来自于发展中国家，这就是一种明显的对照，发展中国家培养了大批人才被美国吸引过去以后，为美国的科学技术发展做出了贡献。

新兴国家在追赶先进国家的过程中，更加注重科技的应用，通过强化科技的消化、吸收和再创新，将外来科技转化为自身财富，并不断缩小与科技先进国家的差距。发展中国家正积极应对挑战，紧紧抓住信息化、网络化以及经济全球化的机遇，力争在世界科技、经济竞争格局中占有一席之地。

现代化的历程本质上是科技进步和创新的历史，近现代社会的每一次重大变革都与科技的革命性突破密切相关。全球性经济危机往往催生重大科技创新突破，依靠科技创新创造新的经济增长点和创新发展模式，是摆脱危机的根本出路。当今世界正处在科技创新突破和新科技革命的前夜，科技革命的发生取决于现代化进程强大的需求拉动，源于知识与技术体系创新和突破的革命性驱动。这次金融危机将加速科技创新与进步的步伐，在今后的10－20年，很有可能发生一场以绿色、智能和可持续为特征的新的科技革命和产业革命。这是对我们的巨大挑战，也是中华民族实现伟大复兴的历史机遇。当前全球金融危机对我国经济发展已造成了很大的冲击与影响，从根本上看，依靠科技创新调整我国产业结构、创造新的经济增长点和新的发展模式，是化危为机的根本手段。国际金融危机以来，世界主要国家都提出了依靠科技创新促进经济社会发展的战略报告。

我国政府对科技发展工作一直比较重视，通过相关政策措施对促进科技发展与创新进行了积极探索。政府通过采取促进科技发展与创新的一系列措施，加快科技成果的商品化和产业化，用高新技术改造传统产业，增强企业的自主创新能力和竞争力，已经成为促进科技进步和经济发展的重要途径。

1985年发布的《中共中央关于科学技术体制改革的决定》中就已提出，“大力加强企业的技术吸收与开发能力和技术成果转化为生产能力的中间环节，促进研究机构、设计机构、高等学校、企业之间的协作和联合”。建设创新型国家战略的提出，对各省、市、区的科技发展提出了更高的要求，昌平区同样需要更加充分地整合与利用科技创新资源，在实现创新型国家目标中贡献更多的力量。关成华书记在学习实践科学发展观的调研报告上强调“昌平作为科教资源和创新要素相对集聚的地区，在加速走出北京、融入全国、面向世界的进程中，应当充分整合资源、发挥优势，大力发展实验室经济，更多、更快地促进科技成果转化，推动自主创新和高科技产业发展，进一步增强区域发展的动力和活力”。同时，在全面建设小康社会和创新型国家的过程中，全社会对于科技创新的需求将会明显增长，北京市昌平区科技发展的内涵将进一步得到丰富。

二、研究的目的和意义

世界各个国家都把自主创新作为他们的主要方向来考虑。美国提出了科学知识前沿要全面领先的战略，英国提出了要确保科技优势与强大，日本提出了科技立国、知识产权立国的战略，韩国提出了以科技为基础的发展战略，印度也提出了新的技术政策。各个国家，特别是发达国家，他们已经把科学技术的投入作为一种战略储备的投入进行设计，并且不断的增加。各个发达国家，他们在 R&D 占 GDP 的比例从 1 – 2% 已经增加到目前的 3 – 4%。另外还有许多国家，对科学技术开始进行了超前的部署，有了一些引导潮流的计划。美国提出了高速公路计划、纳米计划；欧盟提出了科技框架计划，提出了伽利略计划；印度曾经有过绿色、白色和蓝色革命，现在在软件与生物计划方面也进行了超前部署。一般这种大科学计划部署的后效是在十年之后，科学技术必须要超前准备，没有准备也就没有未来。面对着这么一种局势，中国应该考虑怎么办？中国面对着机遇也面对着挑战，在这个机遇和挑战之间必须要找到一条适合于中国发展的路。

为了贯彻落实科学发展观、构建和谐社会、推进我国科技事业发展，为了继续深入推进《国家中长期科学和技术发展规划纲要》各项战略部署的落实、建设创新型国家、实现全面建设小康社会宏伟目标，为贯彻落实中央关于“建设创新型国家、加快引进海外高层次人才、加大科技创新力度”的战略部署，制定“十二五”科技规划涉及未来五年科技发展全局，充分发挥规划对科技资源配置的指导作用和对社会科技资源的引导作用。

为进一步提升科技创新能力，整合区域科技资源，根据“昌平区科技发展规划”提出的各项任务，结合市科委提出的“八大科技主题计划”，本着支持技术创新与成果推广为主，兼顾区域发展重大课题研究的原则，设立昌平区“十二五”科技发展计划。

中国共产党第十七次全国代表大会的报告明确指出：“提高自主创新能力，建设创新型国家。这是国家发展战略的核心，是提高综合国力的关键。”在科学技术一日千里、迅猛发展的当今时代，科技创新能力日益成为衡量一个国家或地区综合国力水平高低的重要指标和核心要素，科技创新已成为人类财富之源，是推动我国经济健康、持久和快速增长的不竭源泉和强大动力。纵观整个人类的社会发展史，无论是农业社会、工业社会还是后工业社会，直至当前的知识经济时代，在不同的经济发展阶段，虽然表现形式和发展方向有所不同，但是创新都一直推动着经济的发展，可以说“谁在知识和科技创新方面占据优势，谁就能够在发展上掌握主动”。

中国科技领域过去以模仿、跟踪为主，“十二五”科技发展规划要从前瞻性、战略性视角，引领中国自主创新和科技进步。近年来，昌平区科技得到迅猛发展，但与国内外的发达地区相比，昌平的科技发展水平还存在很大差距；与自身拥有的资源条件相比，昌平所积蓄的创新潜能尚未得到充分释放，把知识转化为经济价值和财富还任重而道远。

三、研究的思路、方法、内容和创新之处

（一）研究思路

本文首先阐述了本规划的重要意义和总体要求，提出了本规划的主要目标；然后通过对昌平区实际情况和地区资源分析，指出其科技发展体系的优势与不足；接着介绍了昌平区科技知识产权制度体系、科技中介服务组织体系、科技创新人才培养体系以及科技产业投融资体系的发展现状及面临的问题，并结合昌平区的实际现状指出了“十二五”期间的工作重点和策略研究；然后在此基础上提出促进昌平区科技发展的相应的政策建议；最后对本规划作出了总结，并展望未来昌平区科技的发展。

（二）研究方法

本文主要以基础理论为依据，结合管理学的SWOT分析方法对昌平区科技发展的优势、存在问题、机遇和挑战进行了分析；在分析昌平区科技产业投融资环境时采用了PEST分析法，对科技的发展战略模式进行全面的探讨。

在信息资料收集和分析方面，主要采用以下调查研究方法：

1. 文献综述法

通过有关的学术期刊收集和辨析相关理论，利用收集到的中外文相关文献，运用文献分析法对国内外科技发展现状和发展趋势、国内外科技创新运营模式等进行了简单的陈述，以说明世界大环境中科技和知识产权发展的概况。

2. 采用资料收集和实地调研的方法

主要从内部重点收集北京市昌平区科研院所和企业的相关资料和数据，进行调研以及数据的汇总和分析，并结合昌平区科技发展的具体案例，说明科技发展过程中应该注意的问题，同时对科技发展体系的建立提出建议。

3. 系统分析法

科学技术和知识产权体系是一个系统工程，它涉及了经济学、政治性、社会学、管理学等多个学科的理论，不是一个单独的学科可以解决得了的。本文在文献调研的基础上，系统分析科学技术和知识产权体系所涵盖的内容，结合国情与地区实际情况，全面地提出发展策略与实施方案。

（三）研究内容

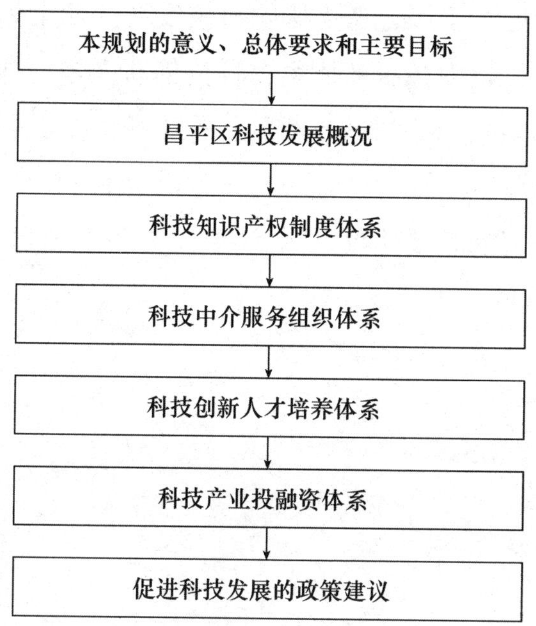

本文首先说明了本研究的意义和要求，并明确了本规划要达到的目标，然后结合昌平区科技发展实际，分别从科技知识产权体系、科技中介服务体系、科技创新人才培养体系和科技产业投融资体系四个方面分析并提出了出适合昌平区科技发展的政策建议。

（四）研究创新

世界各国都把高新技术当作一种导向性产业来发展，我国许多城市也把它作为重点来培育，而高新技术产业的发展要迅速地把知识转化为技术。目前，关于促进科技创新的文献和报道大都是从科技知识产权体系、科技中介服务体系、科技创新人才培养体系和科技产业投融资体系的一个方面或一个体系来研究。但是四个体系是促进科技发展过程中相辅相成、不可分割的一个整体，离开任何一个体系的完善都会直接影响到科技发展的进程。本文的创新之处在于综合考虑影响科技发展的四个体系（科技知识产权体系、科技中介服务体系、科技创新人才培养体系和科技产业投融资体系），以构筑北京市昌平区科技发展创新体系为研究的出发点和落脚点，为进一步提升区域创新能力和竞争实力提供一套完整可行的政策建议。

第二章

昌平区科技发展概况

一、昌平区科技发展现状

1. 科技主要指标稳定增长

2008 年，昌平区规模以上工业企业 626 家，其中有科技活动的单位数为 256 家，占 40.7%；科技活动人员 10577 人，与 2007 年相比增加 447 人，同比增长 4.41%；科技活动项目数 1486 项，与 2007 年相比增加 159 项，同比增长 11.98%；科技活动经费支出总额 22.94 亿元，与 2007 年相比增加 2.95 亿元，同比增长 14.75%（见下表）。

表 2-1　昌平区主要科技指标对比表

	2008 年	2007 年	增幅%
有科技活动的单位数（个）	256	259	-1.16
科技活动人员（人）	10577	10130	4.41
科技活动项目数（项）	1486	1327	11.98
科技活动经费支出总额（万元）	229442	199954	14.75

2. R&D 经费支出增加，科技实力位居全市领先水平

R&D（Research And Development）研究与试验发展，是指在科学技术领域，为增加知识总量，以及运用这些知识去创造新的应用进行的系统的创造性的活动，包括基础研究、应用研究、试验发展三类活动。在科技活动中，R&D 经费支出占地区生产总

值（GDP）的比值称作 R&D 投入强度。国际上通常使用 R&D 经费支出与 R&D 投入强度指标反映一个地区的科技实力和核心竞争力。

2008 年，昌平区规模以上工业企业 R&D 经费支出总额 11.31 亿元，与 2007 年相比增加 1.64 亿元，同比增长 16.94%。R&D 经费支出总额位于海淀，亦庄经济技术开发区之后居全市第三位。

2008 年，昌平区规模以上工业企业 R&D 投入强度为 1.55%，与 2007 年相比增长 0.02%。同期北京市规模以上工业企业 R&D 投入强度为 1%，昌平区科技投入强度领先全市平均水平，位于海淀，丰台之后居全市第三位。

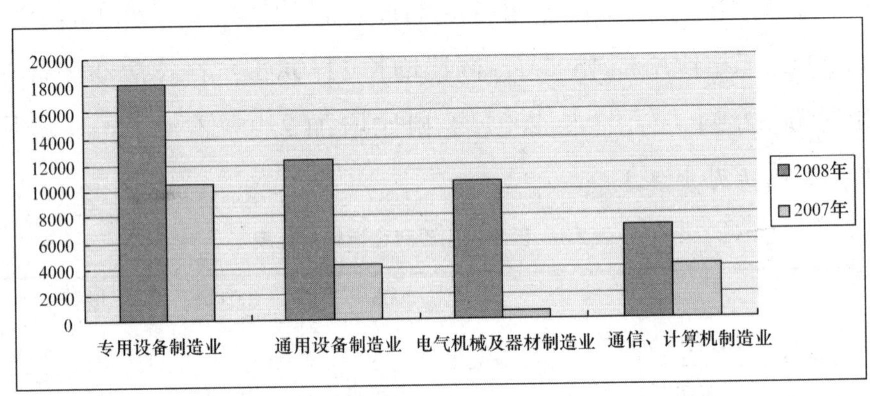

图 2-1　昌平区工业科技部分行业 R&D 投入增长情况

（单位：万元）

3. 五大行业引领全区科技发展

2008 年，我区开展科技活动主要依赖于交通运输设备制造业，专用设备制造业，电气机械及器材制造业，化学原料及化学制品制造业，石油和天然气开采业，这 5 个行业的 R&D 经费支出总额达到 8.62 亿元，占全区 R&D 经费支出总额的 76.2%（见下表）。

表 2-2　2008 年 R&D 投入前五名的行业表　（单位：万元）

行业类别	2008 年 R&D 投入	2007 年 R&D 投入	增长率（%）
交通运输设备制造业	38060	38766	-1.82
专用设备制造业	18178	15057	20.73
通用设备制造业	12277	4275	187.15
电气机械及器材制造业	10586	7222	46.59
通信设备、计算机及其他电子设备制造业	7127	4237	68.2

4. 园区地位举足轻重

中关村科技园区昌平园的工业企业依然是我区工业企业科技活动的中坚力量，在全区科技活动中所占的地位举足轻重。2008 年，园区规模以上工业企业达 324 家，占全区工业单位总数的 51.8%，R&D 经费支出达 8.24 亿元，占全区 R&D 经费支出的 72.8%，具体情况见下图：

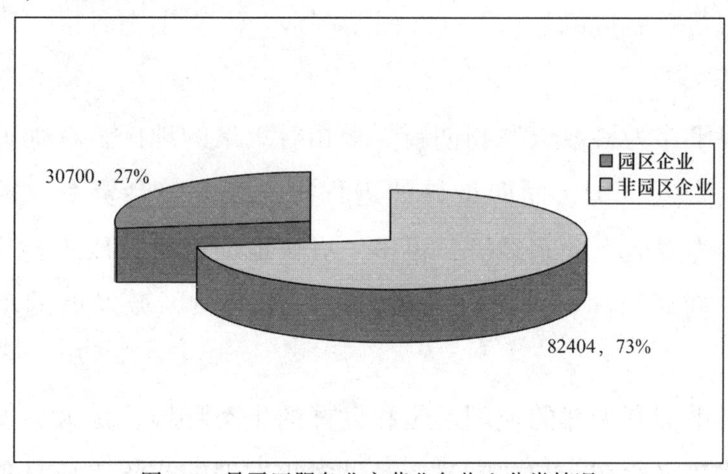

图 2-2　昌平区服务业主营业务收入分类情况

（单位：万元）

5. 内资企业地位显著

在全区 626 家规模以上工业企业中，内资企业达 527 家，占全区工业企业的 84.2%，地位显著。2008 年，全区内资企业 R&D 经费支出为 9.31 亿元，占全部 R&D 经费支出的 82.3%，内资企业在全区工业科技活动中依然占据主导地位。

二、昌平区科技发展的优势

昌平是首都北京的北大门，被称为“密迩王室，股肱重地”。面积 1352 平方公里，人口 82.9 万，是北京的城市发展新区和 11 个新城之一。境内地理形势优越，土地肥沃，自然资源丰富；山雄水秀，名胜古迹众多，人文景观齐全；人才辈出，争上游创一流的昌平精神深入人心。天时地利人和，京华宝地属昌平。昌平已敞开大门，多形式、多层次、全方位地对外开放。北京城市总体规划赋予昌平的发展定位是：重要的高新技术研发产业基地，承载高科技研发与生产、旅游服务和教育等功能。昌平区政府确定的城市发展目标是：“科教创新基地、人文生态景区、和谐宜居新城”。

昌平作为科教资源和创新要素相对集聚的地区，在加速走出北京、融入全国、面向世界的进程中，充分整合资源、发挥优势，大力发展实验室经济，更多、更快地促进科技成果转化，推动自主创新和高科技产业发展，进一步增强区域发展的动力和活力。

昌平拥有天然的地理区位和良好的生态环境，是大力发展科技的优势之所在。与此同时，经过多年发展的积累，还具备了以下几个方面的优势资源和基础条件。

（一）区位优势

昌平地处北京的上风向、上水向，是首都西部发展带上的重要节点，辖区最南端距市中心区仅4公里。区内已经形成了较为发达的交通网络，八达岭高速路、六环高速路、京承高速路、立汤快速路以及城铁、轻轨线路使昌平与北京市区紧密相连，京包、京通、大秦铁路和110国道、109国道是昌平连通周边省市的重要通道。

（二）良好的宏观发展环境

党的十七大对“提高自主创新能力，建设创新型国家”的作出了重要部署。市委、市政府制定并实施了《关于增强自主创新能力建设创新型城市的意见》和《“科技北京”行动计划（2009—2012）》。这为昌平大力发展实验室经济、构建产学研一体化区域创新体系创造了良好的政策环境。随着我国经济发展和科技进步的水平不断提高，特别是首都的资金、技术、人才等要素流动不断加快，昌平迎来了吸引高端人才、发展高端产业、高起点推进科技创新的重要机遇。

（三）科技资源优势

据不完全统计，辖区内现有各级各类的实验室资源32个。其中，国家级企业技术中心2个、产业化基地4个；国家重点实验室1个、正开工建设的1个、计划建设的1个、产业化基地2个；国家工程研究中心3个；驻昌平高校内的国家重点实验室4个、部级研究中心1个、市级重点实验室6个、其它各类实验室或研究中心7个。这些实验室普遍拥有现代化的设施设备，实验领域广泛涉及生物医药、石油化工、现代制造、农业应用等多个方面，先后承担了一批重大科研项目，并已取得了诸多实验成果和核心技术产品，有些成果和技术产品已步入了世界相关领域的领先行列。中关村科技园区昌平园、中关村生命科学园、小汤山现代农业科技示范园 3 个国家级产业园区，1700 多家高新技术企业，聚集了近 2 万名高素质的科技人才。这些将为能源科技产业在昌平的发展储备充足的人才资源，提供强有力的智力支撑。

（四）高校资源优势

昌平区拥有公办高校 9 所、民办高校 16 所、部队院校 4 所、公安院校 3 所。区内沙河高教园区建成之后，还有北京航空航天大学、北京邮电大学、北京师范大学、中央财经大学、北京外交学院五所高校进入，预计昌平区在“十一五”期末高校达到 37 所。在校师生数达到 20 万人，博士点将达到 300 个以上，硕士点 650 个。占地规模约为 25000 亩。中国石油大学、中国政法大学、华北电力大学、北京农学院、北京化工大学是目前五所最大的公办全日制大学，在校本科生约为 57100 人，研究生约为 16744 人，教师总数为 4851 人，硕士点共计 288 个，博士点 88 个，校园占地面积达 4048 亩。北京吉利大学、北京人文大学等 16 所民办高校在校生现已达到 60000 人，聘任专兼职教师多达 4850 余人，占地面积 6000 余亩。现在昌平区高校共有专兼职教师 9000 余人，其中中国科学院和中国工程院院士 28 人，教授 876 人，副教授 1460 人；高校所属的科研机构 40 个。

（五）产业集聚发展的优势

目前，能源科技类企业已经成为中关村科技园区昌平园的支柱产业之一。其中，石油天然气行业的科技企业已达到102家，呈现出明显的行业集中特点。在现有企业中，不乏处在行业龙头地位的国有大型企业，如神华集团、国电集团、华电集团等，均在昌平成立了分支机构或地区总部，将对各行业的集聚发展起到重要的辐射带动作用。

（六）技术研发优势

据统计，在《国家中长期科学和技术发展规划纲要》公布的10项能源科技优先主题、重大专项和前沿技术中，昌平现有企业参与研发的技术达到了7项。此外，经过多年的发展，昌平已经涌现出了一批技术创新和产业化能力在国内外处于领先地位的企业。例如环鼎科技有限责任公司已成为中国石油测井市场的主要供货商之一；中信国安盟固利公司承担了“锰酸锂”和“钴酸锂分析方法”两项国家标准的制定任务；清华阳光公司已成为中国太阳能热利用产业的行业奠基人、产业推动者和标准制订者；神雾热能技术有限公司连续多年在中国蓄热式节能燃烧技术的推广应用企业中业绩排名第一。

（七）政策和服务优势

目前昌平境内正在建设的中关村科技园区昌平园和即将启动建设的中关村国家工程技术创新基地，均可享受中关村科技园区的税收、人才引进、项目融资等优惠政策。昌平区投资服务中心和“一站式”服务大厅构建了较为完善的投资服务体系，致力于为企业和投资者提供优质高效的服务。

（八）拥有广阔的产业化发展空间

辖区内现有中关村科技园区昌平园、中关村生命科学园、中关村国家工程技术创新基地、小汤山现代农业科技园等国家级产业园区 4 个、国家级大学科技园区 1 个，以及其它一些重点产业功能区。正在规划建设的“未来科技城”，是中央为建设创新型国家、提升国家竞争力而确定建设的一个重大科技工程项目，选址在昌平东部，定位为具有世界一流水准、代表我国相关产业应用研究技术最高水平的人才创新创业基地，目前已有 13 家实力雄厚的中央企业确定入驻，神华低碳清洁能源研究所已经奠基，它将成为我国创新人才最密集、创新活动最活跃、创新成果最丰富的区域之一。这些高端产业功能区，是大力发展实验室经济的主要载体，是实现技术产业化的主阵地，完全能够满足科研成果就地转化的空间需求。

综上，昌平的科教资源无论是机构规模、人才队伍还是教学活动、科研成果，都是比较丰富的，总体上呈现出结构多元、特色突出、技术优势不重叠等特点，并且相对集中在能源科技、生物医药、环保、农林技术等领域。多数的高校和科研院所具备较好的科研硬件设施，并且聚集了一批高层次人才，科研活动日趋活跃，科技成果层出不穷，同时科技发展已在不同层面上展开，这为昌平科技发展提供了良好的资源条件和创新要素。

三、昌平区科技发展的机遇与挑战

现代化的历程本质上是科技进步和创新的历史，近现代社会的每一次重大变革都与科技的革命性突破密切相关。全球性经济危机往往催生重大科技创新突破，依靠科技创新创造新的经济增长点和创新发展模式，是摆脱危机的根本出路。当今世界正处在科技创新突破和新科技革命的前夜，科技革命的发生取决于现代化进程强大的需求拉动，源于知识与技术体系创新和突破的革命性驱动。这次金融危机将加速科技创新与进步的步伐，在今后的10－20年，很有可能发生一场以绿色、智能和可持续为特征的新的科技革命和产业革命。这是对昌平区科技发展的巨大挑战，也是难得的历史机遇。当前全球金融危机对我国经济发展已造成了很大的冲击与影响，从根本上看，依靠科技创新调整我国产业结构、创造新的经济增长点和新的发展模式，是化危为机的根本手段。

当今世界，经济全球化日益加速，科学技术日新月异，以信息技术、生物技术为代表的高新技术及其产业迅猛发展，深刻影响着各国的政治、经济、军事、文化等方面，人类社会的生产力形态以前所未有的速度发生着变化。"十二五"将是昌平区经济和社会发展的重要战略机遇期。国家将加快全面建设小康社会的步伐，北京将率先基本实现现代化，北京郊区作为首都可持续发展的战略新区和建设现代化国际大都市的重要发展区将呈现加速发展态势，这些都为昌平区带来了难得的发展机遇。但是，昌平园区的各项工作也将迎来严峻的挑战。

（一）昌平园作为首都高新技术产业基地的功能未能得到充分发挥，园区的经济总量仍显不足，产业特色还不突出，产业基础不够扎实。

（二）入园企业及其员工并未真正融入昌平，对地方环境和文化的认可度低，缺乏应有的归属感，企业与昌平各界缺乏相互了解。

（三）对服务问题的认识还有待深化。昌平对服务的思路虽然比较清晰，但服务体制还不够顺畅，机关冗员影响着对外服务的形象和质量，服务意识需进一步强化。

（四）土地稀缺、资金紧缺问题困扰着昌平园环境改善和发展。

（五）人才资源现状与新形势新任务的要求还存在着诸多不相适应之处。如：人才资源开发观念相对滞后，整体性人才资源开发的思想还没有深入人心；经营管理人才和专业技术人才的总量相对不足，不能满足区域经济跨越式发展的实际需求；人才资源的结构性矛盾还较为突出，特别是产业结构、专业结构、素质结构、能级结构等仍不尽合理；人才资源开发的制度与机制还不够完善和健全，优秀中青年人才流失较为严重，驻昌单位人才和其他区外人才尚未得到充分利用；人才市场在资源配置中的基础性作用还没有得到充分发挥，服务功能有待拓展，竞争能力亟待提升。

面对现实，展望未来，科技发展任重道远。充分利用地区优势，实施科教战略、人才战略，构建科技发展新体系已成为昌平富民强区、跨越发展的必然选择。

第三章

科技中介服务组织体系

孵化器企业
北京博奥联创科技孵化器有限公司
北京中关村生命科学园生物医药科技有限公司
北京绿创环保集团科技孵化器有限公司

昌平孵化器企业主要扶持子信息、文化创意五大重点领办公大楼、配套设施、共享实咨询、产业信息咨询、人才引融资等服务，有效地推动了技大批技术含量高、发展迅速的技企业。

（二）咨询产业集聚区

目前，昌平咨询产业集聚询产业龙德园、咨询产业科技区四园”的格局。截止到今年总注册资金 14109.18 万元，业 1200 余人，2009 年上半年业集聚初见规模。

集聚区入驻企业总注册资2000 万元的企业 1 家，注册资金 300～500 万元的企业 7 家，

一、昌平区科技中介服务组织现状

科技中介服务机构是指面向社会开展技术扩散、成果转化、科技评估、创新资源配置、创新决策和管理咨询等专业化服务，的机构，由市场中介和社会中介组织的交叉和延伸而产生。与一般中介组织相比，它更具知识性和智力性，属于知识密集型服务业，是在社会发展到一定阶段，科学技术成为第一生产要素时，形成的在社会不同利益主体之间发挥桥梁和纽带作用的服务机构群体，对各类创新主体之间的知识流动和技术转移发挥着关键性的促进作用，能够有效降低创新成本、减少或化解风险、加快高技术成果转化、提高区域整体创新绩效。根据科技中介组织的定义，可以说科技中介组织是社会中介组织与市场中介组织两者的交叉和延伸。由于科技产业的兴起，使得科学技术作为生产要素进入市场，在市场的交易中，出现了以技术为商品，推动技术流通、技术转移、转化和开发为目的的中介组织。

科技中介组织，是国家和区域创新体系的重要组成部分，是各类创新主体的粘接剂和创新活动的催化剂。它活跃于技术需求者与持有者之间，沟通机构间（主要是大学、研究机构和企业）的技术流动，促进创新体系内各参与主体间互动，并通过进行技术搜寻、评估和传播，实现创新体系内在的有效联系。

到 2008 年底，昌平科
业孵化器、中小企业信用
立专门的咨询产业集聚区
“一区四园” 的格局；并
推出孵化器专项资助等。

（一）科技企业孵化

目前，昌平主要的科
化器有限公司、中关村兴
司、北京信创宇轩科技孵
孵化器有限公司、北京中
公司、北京昌科晨宇科技
孵化基地有限公司、北京
家级孵化器一家；综合高
孵化器三家。

表 4-1 昌

孵化器企业
北京北控高科技孵化器有限公司
北京宏翔鸿科技孵化基地有限公司
北京昌科晨宇科技企业孵化有限公司
北京信创宇轩科技孵化器有限公司
中关村兴业（北京）高科技孵化有限公司

家，注册资金 50 ~ 70 万元的企业 29 家（其中一家为外资企业，注册 10 万美元），注册资金 10 ~ 30 万元的企业 72 家；注册资金 10 万元以下的企业 60 家。通过统计得知，注册资金 100 万元以上的企业占全部企业的 15.7%。

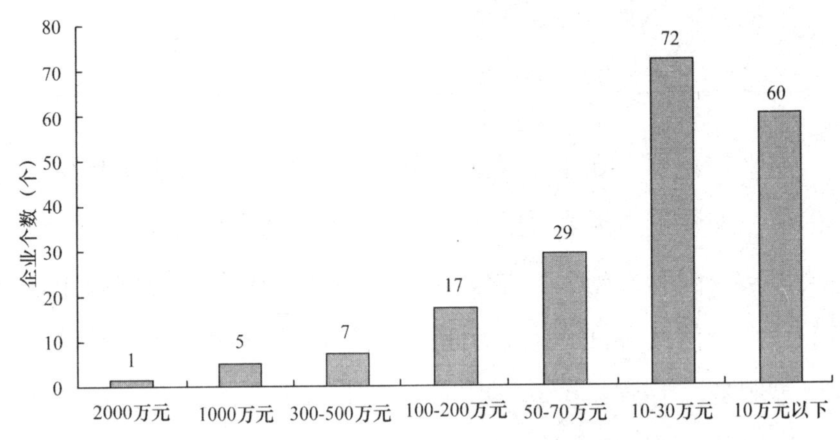

图 4-1 入驻企业注册资金分析图

表 4-2 注册资金与企业比例分析

注册资金（万元）	2000	1000	300 ~ 500	100 ~ 200	50 ~ 70	10 ~ 30	10 以下	合计
企业数量（个）	1	5	7	17	29	72	60	191
占企业总数的百分比（%）	0.52	2.62	3.66	8.91	15.18	37.70	31.41	—

按照区工商分局确定的咨询产业的三大分类统计，咨询类企业 132 家，设计类企业 38 家，培训类企业 21 家，分别占企业总数的 69.1%、19.9%、11.0%。

其中，生活咨询类企业 49 家，技术咨询类企业 47 家，综合设计类 38 家，教育培训类 21 家，管理咨询类 19 家，金融咨询类 17 家。

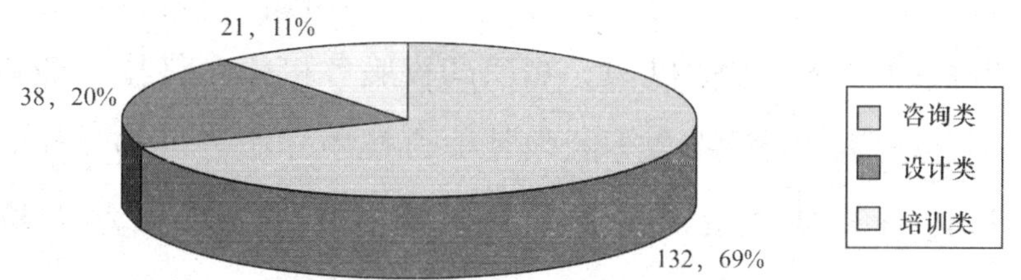

图 4-2　不同类型咨询企业占全部企业比例分析图（3 大类）

表 4-3　企业经营项目分类与注册资金、面积分析

经营项目	技术咨询	金融咨询	管理咨询	教育培训	综合设计	生活咨询
企业数量（个）	47	17	19	21	38	49
注册资金（万元）	4327	4165.28	352.9	554	1517	2223
面积（平方米）	3248.02	2830.7	1300.28	6626.06	2421.69	6310.67

（三）政府科技中介服务组织网络平台

目前，昌平已建立办公自动化系统和电子政务交互式办公系统、高新技术企业网上申报与审批系统以及综合行政服务中心网络系统，简化相关企业办理政务的手续，提高工作效率；建立以中关村科技园区昌平园、中关村生命科学园、中关村国家工程技术创新基地、小汤山现代农业科技园等 4 个国家级产业园区网络主页；通过昌平中小企业网专门设立了科技中介服务版块，并详细列出相关科技中介机构，搭建科技企业与科技中介机构桥梁。

（四）科技中介服务相关政策

目前，昌平区将出台《昌平区支持科技中介机构服务企业发展实验室经济的暂行办法》，该办法主要从支持范围、支持措施、申请程序、资金监管、财务处理等方面进行规定。在支持范围首次对科技中介机构服务企业进行归类，主要包括与科技相关的风险投资机构、资产评估机构、知识产权服务机构、科技企业孵化器、产业联盟、发明协会等区内其他科技中介服务机构，同时加大了扶持与奖励资金，企业一次最高可获得 100 万元的资金扶持。

二、昌平区科技中介服务组织体系面临的问题

（一）中介专业服务企业专业不平衡

目前，昌平区科技中介专业服务企业主要以审计和财务会计服务、管理咨询服务、技术工程服务、法律服务为主，而且规模较小，这点我们从已经调查的咨询产业集聚区就可以看出；但是，能够产生较大影响力的金融类、投资类专业咨询企业很少，这类外资企业就更为凤毛麟角了。

（二）财政资金与政策扶持力度小

之前，昌平对科技企业财政扶持力度大，而对中介机构所从事活动的专项资金得不到保障，而且在税收方面没有任何优惠，在财政资金待遇的享也受上有较多的要求和条件限制。这样，使得目前昌平区科技中介服务机构规模较小，知名机构几乎没有。

（三）大型科技中介服务企业少

对高端大型科技中介服务企业而言，昌平区的科技中介市场还不够，可以树立形象的高档写字楼宇还没有。而且，扶持政策

对高端的、较大规模咨询企业的吸引力仍然不够，经调研，大型咨询公司最看重的就是财政奖励政策，而恰恰扶持政策中对企业当年纳税并没有奖励。

（四）咨询产业聚集区推进缓慢

开发商与物业公司以自身利益为主，与集聚区的建设工作不能实现同步推进。如明珠园的硬件设施常常发生问题，入驻企业意见很大，开发商与物业公司互相推诿迟迟不能解决，反而让企业对政府产生了不信任感；龙德园开发商怕影响销售不配合建设办开展政策宣传，同时自行改动楼宇格局并出售，后期为促进销售又大打政策补贴牌等。此外，开发商及小业主由于政府给予楼宇政策扶持的原因，不断抬高房屋租金及管理费用，对企业入驻也产生了一定的影响。

（五）网络平台信息更新缓慢

昌平虽然已经形成了基本的科技公共信息网络体系，但是，部分网站维护与更新进程缓慢。比如，“昌平中小企业网站”的“中介服务”版块，所列出的企业最后更新时间还是2007年11月份，部分企业的联系电话已经无法拨通。

（六）科技中介队伍本身良莠不齐，操作不规范

同时，由于科技中介队伍本身良莠不齐，操作不规范，加上人们对科技中介的作用不熟悉，导致社会经济活动中出现对中介“轻、疑、弃”的倾向。据调查估计，在北京整个技术市场，通过独立中介机构或经纪人完成的交易只占总交易额的很小一部分，大部分是供需双方直接商谈成交后才到技术市场办公室登记

的，有时，为省却中介费，还发生抛弃中介人的所谓“短路”现象；在人才市场中，中高级人才的流动出于保密等原因，许多并不通过中介渠道；不少企业对咨询机构的专业服务能力持怀疑态度等。

三、昌平区科技中介服务组织体系工作重点

（一）建设咨询产业大厦

昌平区作为全国第一个提出发展咨询产业的地区，可以考虑在重点产业功能区附近选择合适的地点，投资建设高端咨询产业大厦，这样不仅能够使得昌平政府掌控楼宇管理的主动权，而且还能吸引较大规模的科技中介服务机构或企业落户。建议通过合资方式建设咨询产业大厦，但应该由昌平政府控股。

（二）设立北京昌平生产力促进中心

北京生产力促进中心是北京市科委直属的面向中小企业提供全方位、多层次、综合性服务的不以盈利为目的的公益性社会化科技服务机构，作为国内首家“亚洲典范借鉴中心”区域会员与国家级示范生产力促进中心，中心是国家技术创新服务体系的重要组成部分。昌平科委可以通过与市科委协调，下设昌平办事处；或是昌平借鉴北京生产力促进中心模式独自成立北京昌平生产力促进中心。

（三）设立北京昌平技术交易中心

以北京市建设“中国技术交易所”、“全国技术交易中心”

和“全国专利交易中心”为契机，积极联络一批具有技术转移功能的地区性服务机构，设立“北京昌平技术交易中心”，促进创新要素和技术产品的流动、聚集和合理配置，使昌平成为技术交易十分活跃的地区之一。

四、昌平区科技中介服务体系策略研究

科技中介服务体系的建设应该结合昌平区科技中介机构的发展态势，逐步建立起有利于各类科技中介机构健康发展的组织制度、运行机制和政策法规体系，形成体制合理、机制灵活、制度健全、竞争有序、诚信经营的良好发展环境。

（一）尽快推出扶持政策实施细则

尽快确定昌平区支持科技中介机构服务企业发展的政策，在财政补贴、长期贷款、税收优惠、人才吸引等方面制定扶持政策。如针对科技中介机构在科技成果转化过程中提供风险投资、资产评估、知识产权咨询等服务，调整税收政策；设立支持科技中介机构专项资金，每年安排不少于1000万元，支持和资助一些非营利科技中介机构（包括协会、学会，以及一部分由科研机构转变而来的咨询服务组织）以及有发展潜力的民营科技中介机构独立地进行中介服务工作。

（二）规范创新服务市场

宣传推广信用良好的科技中介机构，通过政策引导和试点，强化行业协会职能，提高行业协会的服务和管理能力，推动协会建立行为规范、服务标准、资质认定、信誉评估等行业自律制

度，形成重合同、守信用、诚信经营的行业风尚，使科技中介行业走上法制化和规范化的轨道。引导科技中介机构建立良好的信誉体系，对取得较高信誉的科技中介机构，科技管理部门在重大科技决策、科技计划实施、科技成果转化等工作中要充分发挥他们的作用。建立一批大、中、小，适应不同需求的科技中介服务机构。

（三）加快咨询产业聚集区发展

针对咨询产业集聚区，尽快出台扶持政策实施细则，解决政策执行中遇到的问题。一是楼宇认定的标准问题，建议将10000平方米的标准降低到3000平方米；二是对龙德这种小户型、小业主出租房屋办企业是否给予扶持的问题，对前一企业迁出、新企业进驻在政策扶持上的延续性问题，对企业租房期限长短、租金费用高低如何给予兑现等具体问题做出定论；三是将扶持政策中对开发商、中介公司的奖励条件和标准进一步细化、量化，使之易于执行，从而提高开发商、中介公司的配合咨询产业招商工作的积极性；四是扩大政策覆盖范围，建议扩大到回龙观地区，将适合发展咨询行业写字楼加以认定并推进招商工作。

（四）大力开发从业人才资源

吸引高等学校和科研、设计、情报机构的高学历人才群体、留学回国创业人员群体、政府公务员中有条件“转业”的人才群体等加入到中介服务业的队伍当中。咨询公司和行业协会也要制定严格的职业道德准则和相应措施，来保证从业人员的水准。政府应帮助咨询服务机构培训人才，或者为培训提供财政支持，或者组织国内外咨询专家撰写教材，设置专门课程，开办培训班。

（五）推动组织网络化

继续完善目前昌平已有的办公自动化系统和电子政务交互式办公系统、高新技术企业网上申报与审批系统以及综合行政服务中心网络系统；逐步建立以中关村科技园区昌平园、中关村生命科学园、中关村国家工程技术创新基地、小汤山现代农业科技园等4个国家级产业园区和1个国家级大学科技园区（华电科技园）为核心的区域性服务网络的建设；将现有的和新建的网站交给专门的网络公司维护和更新，做好对科技相关信息的统计、分析、研究和发布。

全面调查昌平区高新技术企业对科技中介的服务需求及科技中介机构的核心服务能力，建立科技中介服务供给与企业需求有效对接的信息服务平台，提供全方位、快速、互动的创新服务网上通道，解决供需双方信息渠道不畅的问题，使其有效对接。

（六）实现经营国际化

培育骨干科技中介机构，促进其向品牌化、规范化、国际化方向发展；在与科技创新密切相关的评估、金融、风险投资等领域，认真借鉴国外经验；鼓励在本地区建立国际学术组织的办事机构；根据科技体制改革和科技中介机构发展的需要，积极引进优秀人才、先进的管理经验和专业化运作模式，支持留学人才回国创办科技中介服务机构，鼓励国外中介机构进入国内科技中介服务市场；加强服务贸易研究，充分利用国际市场对服务产品的需求，把增强服务企业的国际竞争力放在战略地位，在全球化的飓风中真正实现北京市昌平区科技中介服务业的国际化经营。

第四章

科技创新人才体系

一、昌平科技创新人才体系现状

二次大战以后，随着经济一体化，科学国际化，人才世界化的日益发展，使人类面临许多综合性问题，迫使人们采用综合的手段进行深入研究，不同领域的科技创新性融合和跨学科的交叉性研究更加显著。各种竞争日趋激烈，现代国际政治、经济、科技的竞争，归根到底是科技创新人才的竞争，特别是高层次的科技创新人才的一场争夺战，谁拥有它，谁就占优势，就能赢得胜利。国内外的历史事实证明，凡人世间任何高层次的复杂竞争，几乎都是人才运用脑力的竞争。因此，抢夺科技创新人才，就是抢夺明天。

（一）科技人才相关政策

区委区政府先后制定了《昌平区“十一五”人才规划》、《关于大力实施人才强区战略进一步加强人才工作的意见》、《昌平区人才奖励及科技骨干基金的使用办法》等文件，为建设高端人才聚集区和首都人才新高地、建设一流的现代化城市发展新区提供了坚实的人才保障和智力支持。建立了常数保持 100 万元的人才奖励和科技骨干基金，表彰奖励各类优秀人才，两年来，共奖励了 24 名优秀企业家、专业技术人员和专家学者，资助了 18

人18个科研项目，奖励和资助金额达到140万元。建立专家体检疗养制度，2008年组织了区域内133名高级专家、人才进行体检。

（二）科技人才服务平台

制定人才工作联络员制度，畅通人才信息和服务渠道。做好人事人才代理服务工作，2008年人才服务中心存档量达到了11836卷。区人才市场共举办现场招聘会80场，初步达成意向21180人次。网上人才市场“昌平人才网”注册个人会员总数达到20470人；注册企业会员2267家，提供了5179个职位信息，网站访问量累计已达60余万人次。

（三）科技人才引进

结合全区经济社会发展需要，区政府加大对高层次人才和紧缺人才的引进力度。两年来，共引进“双高”人才60人，引进非北京生源毕业生1098人，进入教育、科技、卫生等系统及高新技术企业工作。在引智工作中，采取产业引进、项目引进、课题引进等方式，努力实现“引才”、“引资”、“引项目”的相互促进。开展了16个获得国家外国专家局、市外专局的审批资助的引智项目，资助经费共计110多万元，共为342名在京外埠人才办理了《北京市工作居住证》。着力夯实公务员及事业单位人才队伍基础，2007年公开招考公务员工作，录用77人。2008年为171名事业单位专业技术人员办理了聘任手续，招聘工作人员343余名。开展了教师职称评审工作，共评审出中、高级教师223人。

（四）科技人才培训

始终坚持把人才队伍能力建设作为人才工作的主题，通过“领导干部进高校”大讲堂、“双导师”培训、“走出去”培养等形式，对党政人才、高技能人才、专业技术人才、企业经营管理人才、农村实用人才分层分类进行教育培训和实践锻炼。2008年，全区共举办处级领导干部主体培训班次13期，培训领导干部1600多人次；公务员初任培训、科级干部任职培训、军转干部岗前培训以及专门业务、更新知识等培训共18期，培训公务员3000余人次。举办各类专题培训班60余期，培训各级各类干部10000多人次。全区专业技术人员参加继续教育学习的比例达到96.9%，学习时间累计达到72学时的比例在95.8%以上。全区96%以上的专业技术人员进行了不少于144个学时的继续教育；举办高级研修班12个，其中市级高研班2个。

（五）科技人才分布

截至2005年底，昌平高新技术产业共有从业人员62824人，大专以上学历的人员占从业人员总数的51.7%。其中归国留学人员303人、博士以上学历591人、硕士学历2895人、大学学历17381人、大专学历11640人。从业人员中29岁以下人员3.05万人，占人员总数的48.6%；30－39岁人员占30.5%。大批专业、年轻的科技力量进入昌平，使科技人员队伍不断壮大，科技创新活动更加活跃。

（六）园区科技人员状况

由于中关村科技园区昌平园是昌平最早成立的国家级高新区

之一，也是昌平较大的国家级高新区之一，因此，以该园区为代表可以大略反映整个昌平科技产业园区科技人员状况。

1. 从业人员总量增加，增速放缓。

经过了“十五”期间从业人员的大量增加，2006 年园区高新技术企业从业人员数量进入了一个较为平缓的增长阶段。主要原因包括：①近年来，园区土地严重匮乏，影响了大型企业的入住，小型企业大多人员较少，造成从业人员增量放缓。②部分集团性质的企业由于业务范围的调整或分化出新的公司，使得本企业人员大量减少。如“二六三网络股份公司”从业人员从 05 年的 462 人减少到 06 年的 270 人，“慧聪国际资讯有限公司”从业人员从 05 年的 560 人减少到 06 年的 260 人，减少了一半多。③在06 年对高新技术企业的资格复核中，取消了近 300 家企业的高新技术企业资格，从而减少了部分人员。2006 年园区从业人员 62145 人，比上年增加 187 人。

2. 人才结构优化，高端人才逐年增多。

园区从业人员中过半数为大专学历以上人员，留学归国人员、博士以上学历人员等高端人才逐年增多。2006 年园区从业人员中大专以上学历人员 32396 人，占总人数的 52.1%，比上年增加 0.6 个百分点，其中大学以上学历人员 20754 人，占总人数的 33.4%，比上年增加 0.7 个百分点。值得一提的是由于中国经济的快速发展，就业环境的不断改善，越来越多的出国留学人员选择回国就业，随着昌平园知名度的提升，高级研发、生产企业在园区的聚集，如生命园等，吸引了一批高级人才，2006 年园区从业人员中博士以上学历人员 612 人，比上年增加 21 人；留学归国人员 410 人，比上年增加 107 人，目前昌平园由留学归国人员创办的企业已达 100 家。

从产业分布看，以研发及技术服务为主的现代服务业是高端人才的首选之地，过半数的留学归国人员和博士以上学历人员分布在第三产业。从专业分布看，电子信息业、生物医药业中聚集了最多的高级人才，有74.4%的留学归国人员、61.6%的博士以上学历人员就职于这两个技术领域的企业中。

3. 人员队伍继续呈现年轻化的特点。

2006年从业人员中29岁以下人员31015人，占全部人员的49.9%；39岁以下人员49007人，占全部人员的78.9%。40岁以下人员已占到全部人数的四分之三多。

从技术领域看，电子信息业更加吸引年轻人，29岁以下从业人员中，有三分之一都分布在电子信息企业中。电子信息企业中，29岁以下人员占中人数的57.1%，高出园区平均水平7.2个百分点。

4. 人均工资水平提高，个人所得税快速增长。

2006年企业职工年平均工资3.4万元，比上年增加0.7万元，增长25.9%，报酬的增加带来个人所得税的快速增长，2006年园区个人所得税1.49亿元，比上年增长10.1%，比“十五”初期增长5倍。

二、昌平科技创新人才体系面临的问题

（一）人才引进难

通过调查，昌平近九成科技企业提到人才引进困难，该问题已成为制约企业发展的瓶颈之一，而人才引进最大的绊脚石就是户籍。目前，昌平高新技术企业较多，企业开出的高薪吸引了更

多人才流入，但是受户籍限制，住房、子女、上学保险等实际问题无法得到解决，形成了一部分人员的不稳定因素，使企业刚刚培养好的人才外流，给企业造成了一定的损失，个别企业甚至想迁往其它区县，以得到更多的户籍指标。

（二）高端专业人才匮乏

当前，昌平区相当一部分高新技术企业对知识产权专业管理人才、高新技术企业运营人才、高新技术投企业融资人才、各种高新技术专业（主要包括生物医药、新能源、新材料、环保、电子信息、文化创意等产业）顶尖人才等都极其缺少。

（三）中小企业人才培训成本高

目前，昌平区中小高新技术企业还存在着人员培训负担大。由于高新技术企业工作岗位有一定门槛，如果招收刚毕业大学生或研究生，不仅需要花费大量的时间、经费等，而且存在培养的员工直接跳槽到大型高新技术企业的风险，从而使得中小高新技术企业人才外流，损失惨重。

三、昌平科技创新人才体系工作重点

（一）人才创业和产业创新领军人才发展计划

大力扶持人才创业创新，建立健全相关的人才创业扶持政策，对创办科技企业的人才，在工商注册、税收、资金扶持等方面给予优惠政策，政府根据人才创业的具体情况给予相应的资金或项目扶持。发展和完善各类创业园区建设，积极吸引海内外科技人才来昌平创业。加快推进留学人员创业园建设。以重点产业发展需求为目标，以企业为主体，加大创新领军人才队伍建设，提升重点产业自主创新水平。大力吸引跨国公司研发中心落户昌平，主动与其核心研发人才加强联络，必要时提供相应服务，力求稳定和留住一批优秀的核心研发人才。

（二）重点学科带头人和人才团队发展计划

根据重点学科发展的要求，加快学术技术带头人的培养。通过科技项目实施，带动和促进重点学科带头人和优秀人才团体的成长。顺应科技创新的跨学科趋势，加快人才培养结构的改革，鼓励科技研发的跨学科合作，推动人才跨学科流动和跨学科学术交流，加快跨学科复合型人才的成长。积极参与全球人才竞争，大力引进国际顶尖的优秀科技人才，形成境外研究人员聘用机制。加快培养一支面向全球的具有较强国际竞争力的科技创新人才队伍。

（三）“人才实训培育基地”发展计划

以4大科技园区与大型科技企业为基地，通过发挥人才实训基地优势，提升技术人员动手实践能力，真正造就一批进入国际前沿、掌握关键技术、擅长顶层设计的技术带头人；培养一批具备不同专业背景，有市场观念的复合型人才；形成一支有相当规模和质量、的专业人才队伍，为各个产业的持续健康发展保驾护航。

四、昌平科技创新人才体系策略研究

（一）健全科技创新人才评价和激励机制

健全引进科技创新人才评价机制，可以借鉴上海市人才引进经验，通过对科技创新人才申请人的学历、职称、贡献等进行评分排名，然后按照先后顺序解决户籍问题，最后通过政府网站公示。

深化职称制度改革，建立以业绩和能力为重点的自主创新人才评价指标体系。改革和完善现行的工资分配制度，建立健全按技术要素和贡献大小参与分配的人才激励机制，积极推行骨干技术人员年薪制。

加快实施国有高新技术企业股权激励试点工作。对自主创新包括引进重大装备及技术再创新作出突出贡献者实行重奖。进一步优化科技人才创新创业的政策环境，依法保护科技人才创新创业活动。

（二）加大对科技创新人才的引进工作

对于知名院士、学科带头人、科技精英、文化名人等领军人物，以及有特殊需求的特殊人才，量体定做引进方案，要为其创造能够实现理想和抱负以及能够实现自我价值的软环境。实行项目流动课题制等灵活方式引进高层次人才。对重要的学科技术带头人可重点投入，并适度给予政策倾斜。

办好中国留学人员产品科技交流会，完善有关政策和组织方式，利用留交会平台吸引海外学者和留学人员来昌平工作、服务和创业。鼓励和支持留学人员及其企业与国内外企业，特别是昌平本地企业在产品开发、资本运作、市场网络等方面以各种形式进行合作；鼓励和支持本地企业利用留交会招贤解难。简化留学人员的创业、办事程序，建立一站式的服务方式。结合科技创新平台建设，引进一批具有国际一流研发水平的骨干人才和团队。大力发展博士后制度，进一步拓宽设站领域，增加博士后科研流动站和企业博士后工作站数量，通过博士后站点平台吸引人才。

（三）加快培养科技创新人才

在政策上引导和支持本地高等院校充分利用科教资源，调整优化学科专业结构，满足本地科技经济社会发展需要。采用多种模式，重点培养新能源、环保、生物医药、电子信息、新材料、先进制造业等领域工程技术人才和国际金融、风险投资、科技咨询、经营管理等专业和综合型管理人才。以项目培养人才的方式加强对青年科技创新人才、创新团队的培养，形成优秀青年科学家群体和技术专家群体。对具有潜质的优秀青年人才、紧缺急需人才，可实施专项培养计划。大力推荐本地专家进入国家各类计划项目评审专家库。落实现有专业技术人员继续教育，实现及时的知识补充与更新。加快培养一批既在某一科学技术领域有较高的学术造诣，又具备多学科渗透的复合型知识结构和宏观管理能力的战略型科学家。

第五章

科技产业投融资体系

一、昌平科技产业投融资体系现状

（一）政府财政投入以及奖励

为充分发挥政府资金支持和引导作用，昌平区自2000年起建立了财政科技投入的稳定增长机制，财政科技投入从2001年的1569.22万元逐年增加到2008年1.69亿元，增长近10倍，惠及自主创新链的各个环节。近两年来，财政科学技术支出的持续提升，增长率保持在1.6%以上，使科技进步对区域经济增长的贡献率一直保持在54%左右。

2008年，累计支持高新技术企业建立研发机构64家，引导企业投资1亿元，实现销售收入40亿元，所支持的项目总计形成1306项自主知识产权，取得了政府投资:企业投资:销售收入=1:12:500的成效。

《昌平区扶持企业发展暂行办法》实施以来，全区共有272家企业符合资金扶持政策，奖励金额6096.66万元，其中共有122家企业（或集团）符合企业法定代表人（或企业领导集体）的奖励条件，奖励金额3336.55万元；共有128家企业符合对企业的奖励条件，奖励金额2255.01万元；共有5家企业的5个产品符合创造名牌产品给予一次性奖励的条件，奖励金额160万元；共计 17 户企业 22 笔贷款符合担保费用补贴条件，补贴金额 345.1 万元。

根据 2008 年出台的《关于昌平区支持中小企业发展专项资金管理暂行办法》的奖励条件及标准，对我区 2762 家企业进行奖励，奖励总额 765 万元，其中有 6 家企业给予技术标准制订奖励资金 60 万元、5 家进入上市辅导期的企业给予上市奖励资金 200 万元、2 家优秀孵化器企业奖励资金 80 万元、为 2742 家企业代付登记注册费及副本费 190 万元，并预拨登记注册费代付资金 75 万元、市级企业技术中心 6 个 120 万元、“中国驰名商标” 1 个 40 万元。

按照 2008 年出台的《昌平区扶持咨询产业集聚试验区企业发展暂行办法》的有关规定，对咨询产业经营者在集聚试验区内租房（购房）的，给予一定的补助；自入驻集聚试验区第二年度起，以上年上缴区级财政收入总额为基数，增长部分全部奖励给该单位或个人。2008 年集聚试验区共有 8 家企业得到政策补助资金 64 万元，同时投入资金 103 万元，改善集聚试验区硬件环境，为企业提供完善的综合配套服务。

（二）昌平投融资服务平台

目前，昌平主要的投融资服务平台是昌平区中小企业融资服务大厅。

2007 年 5 月份，昌平区被北京市发改委列为全市首批中小企业融资服务平台建设试点单位，为进一步加强政银企合作，解决中小企业融资困难，昌平区发改委经反复调查论证，决定建立昌平区中小企业融资服务大厅，北京银行昌平支行、建设银行昌平支行、中关村科技担保公司等 6 家银行和 3 家担保公司、3 家担保机构入驻融资大厅。

为发挥好融资服务大厅作用，昌平区还成立区中小企业信用促进协会。该协会主要是建立中小企业信用征集、评价体系和信用制约机制，开展中小企业信用互促、互助等活动，促进中小企业信用建设，与融资服务平台相辅相成，互为依托，共同实现中小企业融资目的。

协会是由昌平区域内 18 家银行、担保、孵化器公司和中小企业自愿联合发起成立的非营利性社会团体法人，是中小企业与政府部门、银行担保和中介机构加强沟通联系的桥梁和纽带。服务大厅是在昌平区被市发改委列为全市首批中小企业融资服务平台建设试点后，由政府出资建立，政府相关部门、银行、担保和中介机构共同参与的中小企业融资公共服务平台，是昌平区融资服务体系的重要组成部分。

融资服务平台联合信用促进协会，构建政银企合作机制和互动关系；整合金融资源，优化中小企业融资模式和流程，开发融资新品种，缩短融资时间，降低融资成本，切实解决中小企业融资难问题。发挥中小企业信用促进协会作用，为会员企业在融资、担保、投资、政府资金支持等方面优先提供政策优惠和信用服务支持。

（三）昌平投资担保机构

目前，昌平区规模较大的投资担保公司主要是北京晨光昌盛投资担保有限公司，其为经北京市昌平区人民政府批准，由北京昌鑫国有资产投资经营公司、北京市国有资产经营有限责任公司、北京高技术创业服务中心、北京兴昌高科技发展总公司共同出资成立的有限责任公司。公司成立于 2003 年 8 月，首期注册资本金 1.2 亿人民币，现在的注册资金为 1.5 亿人民币。公司主要为区属重点工程、各镇级工业小区、高新技术企业、支农资金、中小企业等提供贷款担保。2005 年公司共承保业务 80 项，新增担保额 6.8 亿元，担保责任余额 6.3 亿元。截止 2005 年底，公司累计承保业务 166 项，累计担保总额 10.39 亿元，至今公司未发生一笔代偿。

二、昌平科技产业投融资体系面临的问题

（一）中小企业融资难

中小企业的发展一直是昌平区政府关心的问题。在昌平区，中小企业占到全区企业总数的 9 成以上，创造产值占全区生产总值的 82.7%，是昌平区经济发展的中流砥柱。但因为融资困难、资金缺乏，发展一直受限，进而影响到了全区的经济发展。根据 2009 年产最新调查，过半数的中小企业急需资金支持。此次调查显示，融资困难的根本原因是金融市场不健全，企业融资渠道单一，银行贷款门槛高。没有充足的资金保障，企业无法将更多的技术转化为产业，必然导致规模难以扩大、经营时间短。同时，国家虽然出台了鼓励中小企业贷款的政策，但是发展中的中、小型企业融资贷款难度很大、门槛过高，真正有投资意向的商家落地较难。

还有企业反映，公司开展产学研合作的项目资金来源一般为公司的自有资金，融资有一些困难。一些产学研结合项目具有高风险、缺乏质押物等特点，使得产学研结合项目从基础性研究、中试到产业化各个环节都存在资金支持不足的问题。同时还由于

不能得到有效的融资而使得一些研究成果或项目产品得不到产业化，不能实现成果价值。

（二）科研机构缺乏资金支持

目前，据一些科研机构反映，他们在项目研发、专利申请、成果转化等环节缺乏资金支持，难以做大做强，难以实现科研成果的产业化、市场化。同时，由于缺乏资金，他们只能着眼于一些短平快项目，无法为长线项目进行投入，由此影响了产学研合作的档次和水平。造成该问题的原因：一是科研机构特别是民营机构资本金少，总体经营业绩不佳，持续经营能力不强，银行对其偿还能力心存顾虑，担心支出成本与潜在收益不相称，不敢发放贷款；二是科研机构普遍贷款数额少、频率多、要求急，无法达到金融机构所设置的标准和要求，也造成贷款难的问题；三是目前全区社会信用担保和风险投资机构还相对较少，规模也比较小，尚未建立起真正意义上的科技风险分散与补偿制度，科研机构想要吸引社会资金投资也不太现实；四是虽然昌平已成立了中小企业融资服务大厅，但由于成立时间短、宣传力度不够，很多科研单位还不知道这一机构的存在，融资服务的作用尚未能充分发挥出来。总之，“唯有源头活水来”，如果不能够在科研投入上给予有效保障，科技发展也将难于推进。

（三）投融资体系不健全

虽然我区目前已成立了像晨光昌盛担保公司这样的大型担保机构，但由于担保条件限制，且贷款门槛儿较高，中小企业难以获得需要的贷款。而且，高新技术中小企业的融资途径主要来自于银行、担保公司等，融资途径过于狭窄。

（四）担保公司不够规范

担保机构的运作还存在着一些不规范现象：一是缺乏必要的管理制度和风险控制制度，业务人员缺乏金融、行业、财务、法律、审计、评估等专业知识，整体素质不高，识别、控制和化解风险的能力较差；二是担保资本金不实，有些担保机构注册后即转移资本，构成虚假出资；三是热衷于大项目和高盈利、高风险的投资业务，或运作担保贷款，骗取银行资金，不从事中小企业贷款担保，资产缺乏流动性和安全性；四是高比例收取保证金，并以各种名目收取不合理费用，增加企业负担；五是担保风险准备金不提或提取不足，抵御风险能力较弱；六是行政干预和人情担保依然存在。

三、昌平区科技产业投融资体系工作重点

（一）鼓励设立科技型中小企业创业投资引导基金

设立昌平科技型中小企业创业投资引导基金。根据国家规定，创业投资引导基金不应该直接投向中小企业，可以通过三部曲办法完成。第一步政府出资，纯财政资金设立母基金；第二与社会投资机构合作，与社会投资机构的投资结合，构成若干子基金，完成资金的第一次放大；第三步由合作子基金直接向企业投资，并且按照公司法的要求，设立投资类有限责任公司。

或是通过已经成立的北京市创业投资引导基金，申请设立昌平科技型中小企业创业投资引导子基金，专门为昌平区科技型中小企业提供融资。

（二）建立科技型中小企业互助担保基金

互助担保基金是一种具有多元主体、开展多元业务、所有权与经营权分离的互助担保的创新模式。昌平区可以通过昌平区中小企业信用促进协会，召集信用良好、有发展潜力的科技型中小企业认购组成复合式共同基金，以解决资本金规模问题，并委托专业的管理团队（北京晨光昌盛投资担保有限公司）进行基金管理，开展多元业务，提高基金盈利能力，以实现资本金自我补充及进行有效内部代偿，同时还能以发放红利、降低担保费率等方式提高中小企业认购互助担保基金的积极性。

（三）建立北京昌平中小企业信用再担保公司

2008 年，北京市已经成立中小企业信用再担保有限责任公司，市财政出资总规模 15 亿元。再担保公司主要为中小企业信用担保机构提供增信和分险服务，发挥骨干担保机构的业务拓展能力，对政府扶持的重点科技领域、科技产业担保项目，积极开展再担保服务，迅速扩大担保规模。而对于昌平科技型中小企业的发展来说，策略无非两条，第一条就是积极利用现在已有的北京市中小企业信用再担保公司的平台，争取对科技型中小企业发展的支持，以期获得昌平科技产业的发展；另外一条就是另起炉灶，建立北京昌平中小企业信用再担保有限公司，但是这样公司的建立，我们建议还是稍微缓一缓，待北京市中小企业再担保公司的发展稍微稳定后，吸取经验，再建立体制更加完备和专业的科技型中小企业再担保公司。

（四）发行中小企业集合债券

中小企业集合债券是通过牵头人组织，以多个中小企业所构成的集合为发债主体，若干个中小企业各自确定债券发行额度，采用集合债券的形式，使用统一的债券名称，形成一个总发行额度而向投资人发行的约定到期还本付息的一种企业债券形式。

昌平区可以通过昌平区中小企业信用促进协会为牵头人，以北京众多符合条件的科技型中小企业为发债主体，进而推出北京昌平中小企业集合债券。该债券发行将促进优质科技型中小企业的直接融资，有效降低企业融资成本，同时可以提高参与企业的知名度，推动中小企业的发展。

（五）科技产业投融资项目推介会

昌平政府应该推行科技产业投融资项目推介会，向国内外商家广泛宣传、推介产品科技项目与科技企业中蕴含的市场商机，为商家了解北京科技产业搭建平台，促进项目与资金的对接。同时，可以去山西、长三角或珠三角当地开项目推介会，或者邀请其代表、协会、商会（浙商商会、晋商商会等）入京参加项目推荐会。

四、昌平区科技产业投融资体系策略研究

（一）提升中小企业信用能力

搞好投融资体系建设的根本是营造信用环境，提升企业信用意识和信用能力。昌平政府要切实解决依法披露问题、资源整合

问题、企业现实需求问题和技术与资金问题。以北京昌平中小企业信用促进协会为依托，推进建立以中小企业为主要对象，以信用记录、信用调查、信用征集、信用评级、信用发布与守信褒扬失信惩戒为主要内容的中小企业信用环境建设。总之，要不断强化中小企业诚实守信的理念和能力，为从根本上解决中小企业融资难问题创造条件。

（二）持续加大财政对研究开发的支持

逐步提高科技经费财政投入占全区科技经费投入总额的比例，全面落实财政科技投入的年增长速度要明显高于财政收入的年增长速度的要求，发挥政府在研发资源配置中的调控和引导作用。政府的科技经费投入主要支持重点领域前沿技术和关键技术的联合攻关、公共服务技术平台建设、基础和共性技术研究、重大科技成果的中试和产业化等。对企业开展的中长期关键技术等研发项目，财政资金可给予一定的奖励和补贴。对符合条件的创新型企业、高新技术企业实施鼓励发展的税收优惠政策，扶持企业快速发展。各部门要从各自掌握的建设经费中划出一定比例，支持研发活动。建立政府优先采购具有自主知识产权产品的制度；建立对重大创新突破产品的政府首购和订购制度；规范财政资金采购外国产品的程序和制度。

（三）积极利用小额贷款

目前，北京小额贷款公司发展迅速，其在贷款资质审查、贷款额度限制、贷款时效性等方面都优于一般银行，极好的解决了北京科技产业存在相当数量潜力大、成长性好的中小企业融资难问题。建议昌平政府可以通过引导潜力大、成长性好的中小企业向小额贷款公司贷款，并提供一定贴息优惠政策。

（四）建立多元化投融资机制

形成以企业投入为主，政府、金融机构等积极支持的产学研投入机制。吸引国家“863”和“973”等重大项目和技术成果落户昌平区。支持企业、研究所、高等院校联合设立实验室、工程技术研发中心、行业创新与服务平台等技术合作机构。继续发挥北京昌平中小企业信用促进协会作用，积极搭建区域中小企业信用评价系统，及时为区中小企业融资服务大厅提供融资参考，完善中小企业融资公共服务平台。

同时，积极利用民间资本与外国资本，通过推荐会的形式吸引非公有资本涌入昌平科技产业。建议昌平政府将优质高科技项目集中，以项目方式争取利用外国风险投资、私募股权基金以及国际金融组织和外国政府贷款。

（五）加强金融对自主创新的支持力度

加强政策性金融机构对自主创新的支持；利用基金、贴息、担保等方式，引导各类商业金融机构支持自主创新和产业化；鼓励商业银行与科技型中小企业建立稳定的银企关系，加大对科技型中小企业的金融服务与支持，引导和鼓励建立中小企业信用担保机构；充分利用现有资本市场，推荐有实力、成长性强的高新技术企业在国内外主板和创业板资本市场上市；支持开展对高新技术企业的保险服务。主要投资于中小创新型企业的创业投资企业，可享受投资收益税收减免等优惠措施。积极创造条件，建立和完善创业投资机制，完善创业投资法律保障体系，营造良好的创业环境。

（六）完善投融资管理体系

成立高科技产业投融资领导小组，以主管区长任小组组长，其它成员由其指派，指导、协调全市高科技产业投融资工作。各级相关部门要进一步密切配合，加强协作，突出改革创新，加强调查研究，及时总结经验，为搭建北京市科技产业投融资体系提供有力的组织保障。

建立严格的科技经费投入责任制和资产管理制度，完善科技成果验收与结题制度，并按规定对项目进行绩效评价，改变以往“重投入，少管理，轻验收”的状况。对政府投资形成的科技实物资产实行限额以上的台账制度和责任管理制度，使用单位负责对科技实物资产的维护与管理，实行资产使用和管理问责制，并实行一定条件下的资源共享，提高政府资金的使用效益。

第六章

促进科技发展的政策建议

2007年—2008年，昌平政府在继续执行《关于加快建立昌平区技术创新体系和科技服务体系的意见》、《进一步加强科学技术普及工作的意见》、《关于加快高新技术产业发展的意见》、《关于吸引归国留学人员的若干政策》、《昌平区人才奖励基金使用办法》、《昌平区科学技术奖励办法》、《关于创建全国科技进步示范区工作意见》、《关于大力实施人才强区战略进一步加强人才工作的意见》等科技政策法规的基础上，陆续出台了《关于进一步加强对驻昌高校、科研院所服务与交流工作的意见》、《昌平区扶持咨询产业集聚区试验区企业发展的暂行办法》、《昌平区促进文化创意产业发展的若干政策》、《关于昌平区支持中小企业发展专项资金管理暂行办法》、《昌平区节能专项资金使用管理办法》等政策文件，为科技进步营造了良好的政策环境，有力地促进了全区各项事业的科技进步。

昌平区已经出台了众多扶持科技的细化政策文件，然而，却缺少一部总体促进科技的政策文件，同时，部分细化政策文件还需要更新。因此，为落实国务院《实施〈国家中长期科学和技术发展规划纲要（2006—2020年）〉的若干配套政策》以及市委市政府《关于增强自主创新能力建设创新型城市的意见》（京发［2006］5号）的文件精神，特提出以下政策意见。

一、创造和保护知识产权

1. 支持创造和掌握自主知识产权

在政府科技投入中安排专门经费，对本区单位和个人申请发明专利；企业和科研机构能形成自主知识产权的新产品研发；企业参与制定国际和国家技术标准，培育名牌产品和著（驰）名商标以及知识产权试点、示范单位建设等，给予支持。

2. 明确发明创造权属和收益分配

单位与发明人或设计人可通过合同约定发明创造成果权属和收益分配。政府资助的科研项目所形成的发明创造成果，除另有约定外，由承担单位所有，发明人或设计人依法享有署名权和取得荣誉权。

3. 切实保障专利发明人或设计人的权益

专利权所有单位在专利转让或许可他人实施后，可在税后收益中提取不低于30%作为发明人或设计人的报酬。其中，专利权所有单位为高校和科研院所的，可提取的比例不低于50%。或可参照上述比例，实行发明人或设计人的技术入股。

专利权所有单位自行实施专利的，在专利权有效期内，对发明专利或实用新型专利的实施，可每年从税后收益中提取不低于5%作为发明人或设计人的报酬。对外观设计专利的实施，可提取的比例不低于1%。

4. 加强知识产权运用和保护

完善知识产权评估、登记、投资入股等实施办法，知识产权作价投资入股最高比例可达到公司注册资本的70%。实施专利管理专业工程师计划，纳入工程技术人员任职资格系列。建立重大经济活动知识产权特别审查机制，建立市知识产权举报、投诉中心，加大保护知识产权的执法力度。

5. 加强技术性贸易措施体系建设

加强对本区重点产品出口国技术性贸易措施的监测、研究和通报。整合质量技监、外经贸、海关、出入境检验检疫、知识产权服务中心、WTO 咨询中心等信息资源，提升技术性贸易措施预警和服务信息平台功能。

二、加快推进高新技术成果转化与中介服务

1. 支持高新技术成果转化项目实施

对符合规定条件的高新技术成果转化项目，由专项资金给予研发支持；实现生产或试生产的，返还相关土地使用费、土地出让金，免收生产经营用房的交易手续费和产权登记费。

2. 加大对高新技术成果转化项目投入力度

对企业以税后利润投资高新技术成果转化项目，形成或增加企业资本金；科技人员以高新技术成果转化中获得的收益，投资高新技术成果转化项目或高新技术企业，并符合规定条件的，由专项资金给予支持。高新技术成果转化项目所组建的企业和高新技术企业，可不受工资总额限制，自行决定其职工的工资发放水平，并可全额列支成本。

3. 扶持科技中介服务组织

对技术转让、技术开发和与之相关的技术咨询、技术服务获得的收入，免征营业税。通过政府购买服务等方式，支持科技中介机构和技术经纪人的发展。

三、加强人才队伍建设

1. 支持领军人才和创新团队建设

对领军人才和创新团队在创新创业活动中的人力资本投入，由专项资金给予资助。支持领军人才在承担重大科研项目和重大工程建设、自主选题立项中创新创业。

2. 加快集聚海外优秀人才

海外高层次留学人员来京定居工作或创业，可申请办理《北京市居住证》。入外籍留学人员可按规定申请参加社会保险。从事高新技术成果转化项目的留学人员在昌平取得的工薪收入，在计算个人应纳所得税额时，可按规定加计扣除。高新技术企业和科研院所等用人单位聘用的外籍专家，其薪金可列支成本。

3. 支持企事业单位培养和吸引创新人才

对企事业单位引进优秀创新人才、解决优秀创新人才特殊困难等，由专项资金给予资助。已办理居住证的优秀人才可享受子女在昌平就读、参加本区基本养老保险、医疗保险和缴纳住房公积金等待遇。

对由高新技术成果转化项目组建的企业，引进主要投资经营管理者和关键技术人员，并符合规定条件的，在本人及其配偶和未成年子女申请办理《北京市居住证》等方面给予优先支持。

加快职人才实训培育基地建设。通过政府购买培训成果等方式，支持劳动者参加中高级职业技能培训。

4. 加大对科技人员的分配和奖酬力度

本区政府性科研项目经费在保证科研硬件投入的前提下，进一步提高用于人力成本支出的比例。

制定企业对技术、管理骨干进行期股、期权激励的实施、登记办法。国有独资高新技术企业在实施公司制改制时，可按规定将国有净资产增值中不高于35%的部分作为股份，奖励有贡献的企业骨干人员。

企事业单位受聘担任高级专业技术职务的人员，以及获得国家和本区科技奖励等荣誉的人员，可由单位为其建立补充养老保险。

有重大贡献的个人和团队，由政府奖励基金给予奖励。

5. 加强素质教育和科普宣传

实施全民科学素质行动计划，大力开展群众性发明、革新等创新活动。结合学校教学改革，探索中小学开放式、探究型科技教育模式。加快科普基地网络和功能建设。加大本区媒体宣传科普的力度。

四、改善投融资环境

1. 加快发展创业风险投资

通过科技型中小企业创业投资引导基金，引导社会创业风险资金加大对种子期、起步期科研项目的投入力度。对创业投资企业投资或管理高新技术成果转化项目和高新技术企业，并符合规定条件的，由财政专项资金给予支持。

2. 拓宽科技创新企业投融资渠道

建立政府性担保机构——北京昌平中小企业信用再担保公司，逐步扩大用于高新技术成果转化项目和高新技术企业的担保额比例。对政府性担保机构的项目代偿损失，由贷款担保损失补偿资金按规定给予在保余额（最大金额不超过500万元）30%以内的限率补偿。推进设立产业投资基金。争取国家开发银行加大对科技创新企业投资的软贷款力度。

3. 加快区域性多层次资本区场建设

推进区域性资本区场建设，为非上市股份制高新技术企业股权转让和交易提供平台。完善科技创新企业国有股权转让办法，加快股权流动。

4. 加强信用制度建设

完善个人和企业信用联合征信系统，建立科技、中小企业管理、风险投资管理、产权交易等部门对科技企业、中介机构和个人的信用信息共享机制，创立适合科技型中小企业特点的信用评级体系，推进信用产品使用。

五、增强产学研创新合力

1. 支持以企业为主体推进产学研合作

对产学研公共服务平台建设、产学研联合建设实验室和工程中心、企业购买高校和科研院所的技术创新成果、科研机构从事行业共性技术研发和服务等，由专项资金给予资助。

对企业委托高校、科研机构等进行技术开发和科研试制所发生的费用，允许企业列入技术开发费用。对转制为企业的科研机构，5 年内免征企业所得税和科研开发自用土地、房产的城镇土地使用税、房产税，政策执行到期后可再延长 2 年。

2. 建立以企业需求为导向的产学研公共服务平台

拓展研发公共服务平台功能，推进资源整合，构筑以项目为载体，集企业技术攻关项目需求发布、高校和科研院所科研成果供给、技术成果交易等功能于一体的产学研公共服务平台。

3. 深化高校和科研机构技术创新机制

改革高校、科研机构考核评价和科研人员职务评聘制度，加强应用导向。推进公益类科研机构分类改革，对其日常运行经费、重大装备基础设施、保持学科持续发展等给予稳定支持。

4. 提升高新技术园区自主创新载体功能

支持高新技术企业和科研机构向园区集聚。加快工业园区创新平台建设。对符合条件的科技企业孵化器、国家大学科技园，可按规定免征营业税、所得税、房产税和城镇土地使用税。

5. 加强科研基础设施和创新基地建设

在政府科技投入中安排专门经费，对落户本区的国家实验室、国家工程实验室、国家重点实验室、国家工程（技术）研究中心、国家级企业技术中心、国家级质检中心等给予配套支持。建立健全科研基地和科研基础设施的开放共享机制。

六、大力提升企业自主创新能力

1. 支持企业加大自主创新投入

允许企业按当年实际发生的技术开发费用的150%抵扣当年应纳税所得额。实际发生的技术开发费用当年抵扣不足部分，可按规定在5年内结转抵扣。企业购买国内外专利技术的支出，可一次或分次计入成本费用。

企业用于研究开发的仪器设备，单位价值在30万元以下的，可一次或分次摊入管理费，其中达到固定资产标准的应单独管理，但不提取折旧。单位价值在30万元以上的，可适当缩短固定资产折旧年限或加速折旧。

企业提取的职工教育经费在计税工资总额2.5%以内的，可在企业所得税前扣除。

2. 支持企业加强自主创新能力建设

对企业建设技术中心、购买国外先进研发设备等，由专项资金给予资助。

对符合国家规定条件的企业技术中心、国家工程（技术研究）中心等，进口规定范围内的科学研究和技术开发用品，免征进口关税和进口环节增值税；对承担国家重大科技专项、国家科技计划重点项目、国家重大技术装备研究开发项目和重大引进技术消化吸收再创新项目的企业，进口国内不能生产的关键设备、原材料及零部件，免征进口关税和进口环节增值税。

3. 支持高新技术企业和科技型中小企业发展

对符合规定条件的高新技术企业，可自获利年度起前三年免交企业所得税，第4～6年交7.5%，第7年以后交15%。对增值税一般纳税人销售其自行开发生产的软件产品，按国家规定，对其增值税实际税负超过3%的部分，实行即征即退。

4. 切实增强国有企业创新动力

国有重点制造类企业集团要制定提升核心竞争力的技术创新战略规划，研发投入占销售收入比例要逐步达到5%以上。将研发投入、品牌创新、专利授权和运用、科技成果转化、产业科技攻关、人才队伍建设等，作为国有企业领导人员业绩考核的重要内容。

5. 支持多种所有制企业推进自主创新

民营、中外合资合作、外资企业和研发机构等均可公平参与申报地方科技攻关项目。鼓励中外合资合作企业创造和获得自主知识产权，发展自主品牌。中方企业在扩大合资合作中，要更加注重对核心技术的引进消化吸收再创新。

6. 鼓励社会资金捐赠创新活动

企事业单位、社会团体和个人通过公益性的社会团体和国家机关向科技型中小企业技术创新基金和经国务院批准设立的其他激励企业自主创新基金的捐赠，可按规定在缴纳企业和个人所得税时予以扣除，并简化相关手续。

七、加大政府采购力度

1. 建立政府采购自主创新产品制度

对纳入自主创新产品目录的产品，在本区财政支出和政府投资的重大工程建设中给予优先政府采购。在国家和地方政府投资的重点工程中，国产设备采购比例一般不低于60%。

2. 建立激励自主创新的政府首购和定购制度

企业或科研机构生产或开发的试制品和首次投向市场的产品，具有较大市场潜力并符合政府采购需求条件的，政府或采购人进行直接首购和订购。

八、加强政府科技投入和管理

1. 加大政府科技投入力度

稳步提高政府科技投入占财政支出的比例。到2010年，区财政科技专项投入总量占当年财政支出的平均比例达到5%。在政府科技投入总量中，通过专项资金、部门预算等形式，统筹安排各项政策资金需求。

2. 切实保障重大专项实施

在政府科技投入中安排专门经费，为国家和本区域重大专项实施提供配套支持。对符合国家和本区域重点产业发展方向、能迅速形成自主知识产权的重大产业科技攻关项目，由专项资金给予支持。

区有关部门要按照“成熟一个、启动一个”的原则，对重大专项进行全面深入的技术、经济等可行性论证，经批准后组织实施。

附录一：

北京市2007年国民经济和社会发展统计公报

2007年，全市人民在市委、市政府的正确领导下，以邓小平理论和“三个代表”重要思想为指导，紧紧围绕“新北京、新奥运”战略构想，全面贯彻落实科学发展观和党的十七大、市十次党代会精神，努力构建社会主义和谐社会；以结构调整、节能降耗为着力点，扎实推进各项工作，首都经济呈现又好又快的发展态势。

一、综合

经济增长：初步核算，全年实现地区生产总值9006.2亿元，比上年增长12.3%，增速比上年回落0.5个百分点，已连续第9年实现两位数增长。其中，第一产业增加值101.3亿元，增长2.1%；第二产业增加值2479.3亿元，增长12.6%；第三产业增加值6425.6亿元，增长12.3%。第三产业中，信息传输、计算机服务和软件业，租赁和商务服务业，科学研究、技术服务与地质勘查业，教育等行业发展较快，增速高于第三产业平均水平。

按常住人口计算，当年全市人均GDP达到56044元（按年平均汇率折合7370美元），比上年增长8.9%。三次产业结构由上年的1.3:27.8:70.9变化为1.1:27.5:71.4。

表1　地区生产总值　单位：亿元

指　　标	2007 年	比上年增长（%）
地区生产总值	9006.2	12.3
其中：高技术产业	755.6	25.0
其中：现代服务业	4372.8	13.1
第一产业	101.3	2.1
第二产业	2479.3	12.6
工业	2053.3	13.0
建筑业	426.0	10.7
第三产业	6425.6	12.3
交通运输、仓储和邮政业	499.4	9.2
信息传输、计算机服务和软件业	824.8	18.6
批发和零售业	848.7	12.0
住宿和餐饮业	248.6	12.1
金融业	1126.3	10.1
房地产业	578.7	-6.1
租赁和商务服务业	549.2	31.7
科学研究、技术服务和地质勘查业	533.6	23.1
水利、环境和公共设施管理业	50.8	7.5
居民服务和其他服务业	103.2	8.1
教育	408.5	12.5
卫生、社会保障和社会福利业	153.6	10.8
文化、体育和娱乐业	204.9	5.9
公共管理和社会组织	295.3	7.9

财政：全市完成地方财政收入（一般预算）1492.6 亿元，比上年增长 33.6%，增幅比上年提高 12.1 个百分点；其中，实现增值税、营业税、企业所得税和个人所得税 134.8 亿元、601.1 亿元、309.3 亿元和 135.2 亿元，分别增长 14.5%、

30.4%、44.6%和32.2%。地方财政支出（一般预算，含中央追加支出）1646.9亿元，增长27%，增幅比上年提高4.5个百分点；其中，用于交通运输、教育、科学技术、环境保护、医疗卫生方面的支出分别增长368.9%、26.1%、29.4%、44.7%和17.8%。

价格：全市居民消费价格比上年上涨2.4%，涨幅高于上年1.5个百分点，其中，低收入层居民消费价格上涨5.6%，高于上年4.4个百分点；食品价格上涨9.2%，非食品价格下降0.4%；消费品价格上涨2.8%，服务项目价格上涨1.3%。

表2 居民消费价格比上年涨跌幅度 单位:%

指标	2007年	其中：低收入层	2006年	其中：低收入层
居民消费价格	2.4	5.6	0.9	1.2
食品	9.2	13.4	2.8	2.3
烟酒及用品	1.8	1.8	-0.1	0.9
衣着	持平	3.8	-0.3	0.9
家庭设备用品及维修服务	0.4	2.4	1.2	1.6
医疗保健和个人用品	0.3	0.8	1.1	-0.8
交通和通信	-4.3	-2.5	-0.7	1.5
娱乐教育文化用品及服务	-0.8	-0.5	-1.3	-0.7
居住	3.5	3.4	1.4	1.5

农产品生产价格比上年上涨14.4%，涨幅高于上年15.3个百分点。工业品出厂价格下降0.3%，降幅比上年缩小0.6个百分点；原材料、燃料、动力购进价格上涨5%，涨幅低于上年0.5个百分点。固定资产投资价格上涨2.8%，涨幅高于上年2.4个百分点。

房屋销售价格比上年上涨11.4%，涨幅高于上年2.6个百分点，其中商品住宅销售价格上涨12.8%，高于上年3.2个百分点。房屋租赁价格上涨2.7%，低于上年0.2个百分点，其中住宅租赁价格上涨3.4%，低于上年1个百分点。

表3　房屋销售价格比上年涨跌幅度　单位:%

指　　标	2007年	2006年
房屋销售价格	11.4	8.8
1. 商品房	11.8	8.6
住宅	12.8	9.6
其中：普通住宅	14.4	11.2
高档住宅	10.3	6.5
非住宅	6.5	3.8
2. 二手房	10.2	9.8

就业：年末全市城镇登记失业率为1.84%，比上年末下降0.14个百分点，低于调控目标0.66个百分点。当年全市共安排20.03万名失业人员就业，9.69万名农村劳动力实现转移就业。10639户城镇零就业家庭中，已有10625户家庭至少一人实现了就业。

二、人口、人民生活和社会保障

人口：年末全市常住人口1633万人，比上年末增加52万人。其中，户籍人口1213.3万人，增加15.7万人；外来人口419.7万人，增加36.3万人，占常住人口的比重为25.7%。全市常住人口出生率8.32‰，死亡率4.92‰，自然增长率3.4‰。全市常住人口密度为995人/平方公里，每平方公里比上年末增加32人。

人民生活：全年城镇居民人均可支配收入达到21989元，比上年增长13.9%；扣除价格因素，实际增长11.2%，增幅比上年下降1个百分点。农村居民人均纯收入9559元，比上年增长

10.9%；扣除价格因素，实际增长8.2%，增幅比上年下降0.5个百分点。城镇、农村居民恩格尔系数分别为32.2%和32.1%，比上年上升1.2个和0.1个百分点。年末城镇居民人均住房使用面积20.3平方米，比上年末增加0.3平方米；农村居民人均住房面积39.5平方米，增加0.4平方米。

表4 20%高、低收入户收入情况 单位：元

指 标	城镇居民		农村居民	
	人均可支配收入	增长（%）	人均纯收入	增长（%）
20%高收入户	40656	14.5	19562	11.7
20%低收入户	10435	15.9	3783	15.5

社会保障：年末全市参加基本养老、基本医疗、失业、工伤保险人数分别为671.7万人、783万人、535.3万人和609.2万人，比上年末净增67.6万人、103.5万人、53.1万人和143.9万人。全市参加农村社会养老保险的人数为49万人，比上年末净增4.2万人，覆盖率为36.6%，高于上年7.3个百分点；参加农村新型合作医疗的人数达到268.5万人，净增7.5万人，参合率为88.9%，高于上年2个百分点。社会保障相关待遇标准有所提高。全市享受城市最低生活保障的居民为14.8万人，享受农村最低生活保障的农民为7.8万人。

表5 社会保障相关待遇标准变化情况 单位：元/月

指标	2007年	2006年
失业保险金最低标准	422	392
城市居民最低生活保障标准	330	310
职工最低工资标准	730	640
基本养老金平均增加水平	150	120

出台“一老一小”大病医疗保险制度，财政补贴 4 亿元，将城镇无医疗保障老年人、学生儿童等人员纳入医疗保险。全市“一老一小”参保总人数达到 146. 36 万人。

年末全市各类收养性社会福利单位 341 家，床位 3. 96 万张，收养各类人员 2. 34 万人。城镇建立各种社区服务设施 1633 个，其中社区服务中心 169 个。

三、资源、能源、环境与安全生产

资源：全年土地供应总量 6331 公顷，比上年下降 3%。其中基础设施用地 2916 公顷，完成全年计划的 101%，下降 11%；工矿仓储用地 1026 公顷（不含现状补办项目），完成全年计划的 86%，下降 21%；科教文卫体和行政办公用地约 479 公顷，完成全年计划的 160%；住宅用地 1684 公顷，完成全年计划的 105%，增长 28%，其中经济适用房实现供地 451 公顷，“两限普通商品房”实现供地 226 公顷，分别完成年度计划供应量的 205% 和 125%。

全年水资源总量 27. 7 亿立方米，比上年增长 13. 1%，增幅比上年提高 7. 5 个百分点。全市总用水量 34. 8 亿立方米，比上年增长 1. 5%。其中，生活用水 14. 2 亿立方米，增长 3. 6%；工业用水 6 亿立方米，下降 3. 2%；农业用水 12. 6 亿立方米，下降 1. 6%。全市万元 GDP 水耗为 38. 6 立方米，按可比价格计算，比上年下降 9. 6%。全市完成节水技改措施 440 项，其中工业节水技改措施 50 项。

能源：1 ~ 3 季度，全市能源消费量为 4607. 9 万吨标准煤，比上年同期增长 6. 8%。其中，第一产业能源消费量为 74. 3 万吨标准煤，增长 8%；第二产业能源消费量为 2027. 9 万吨标准煤，增长 0. 5%；第三产业能源消费量为 1756. 3 万吨标准煤，增长

14.2%；居民生活能源消费量为749.4万吨标准煤，增长8.4%。万元GDP能耗为0.718吨标准煤，按可比价格计算，比上年同期下降5.16%。

环境：全市城八区污水处理率达到92%，比上年提高2个百分点；郊区污水处理率达到47%，比上年提高5个百分点。城八区生活垃圾无害化处理率达到99.87%（按产生量计算），郊区生活垃圾无害化处理率达到76.48%，分别比上年提高3.37个和18.95个百分点。市区空气质量达到二级和好于二级的天数为246天，比上年增加5天，占全年总天数的67.4%，比上年提高1.4个百分点。

城镇绿化覆盖率达到43%，比上年提高0.5个百分点。城镇人均公园绿地面积12.6平方米，比上年增加0.6平方米。全市林木绿化率达到51.6%，比上年提高0.6个百分点。

安全生产：全年共发生道路交通、生产安全、火灾、铁路交通死亡事故1341起，死亡1462人。与2006年相比，事故减少259起，死亡人数减少289人，分别下降16.2%和16.5%。亿元地区生产总值生产安全事故死亡率为0.16，道路交通万车死亡率为3.78，工矿商贸从业人员10万人死亡率为2.18，煤矿百万吨死亡率为1.53。

四、城市建设和新农村建设

道路建设：年末城八区道路通车总里程4460公里，比上年末增长9%；其中，城市快速路通车总里程236公里，城市主干道通车总里程960公里。年末轨道交通运营线路共5条，分别是地铁1号线、2号线、5号线、13号线和八通线；运营总里程达到142公里，比上年末增加28公里。年末在建轨道交通10条，分别为4号线、6号线一期、8号线二期、9号线、10号线一期、

10 号线二期、奥运支线、机场线、大兴线和亦庄线。

郊区初步形成了以国道、市道为骨架，县道、乡道为支脉，纵横交错、四通八达的公路网系统。年末全市公路总长 20754 公里，其中，高速公路总里程 628 公里。公路网密度为 1.26 公里/平方公里，每平方公里比上年末增加 0.015 公里。

奥运建设：年末全市 26 个奥运比赛场馆和 44 个训练场馆陆续完工，场馆周边 58 条道路和 4 座桥梁建成，奥林匹克水上公园、北京射击馆等 23 个场馆通过测试赛检验。

公共交通：年末城市公共交通运营里程 1.75 万公里，比上年末下降 6%；运营线路 648 条，增长 3.8%；运营车辆 2.05 万辆，增长 0.2%；年客运总量 48.8 亿人次（其中轨道交通客运量 6.5 亿人次），增长 4.3%。出租车运营车辆 6.66 万辆，年客运量 6.41 亿人次，与上年持平。

公用事业：全年能源基础设施建设投资达到 200.2 亿元，占基础设施投资的比重为 17%，比上年提高 4.9 个百分点。城市自来水管道长度 12159 公里，综合生产能力 372 万立方米/日。北京地区用电量达到 667 亿千瓦时，比上年增长 9.1%；其中城乡居民生活用电 106.7 亿千瓦时，增长 11.3%，城乡居民生活用电占用电总量的 16%。

全年液化石油气供应总量 37.66 万吨，比上年下降 9.97%；天然气供应总量 42.73 亿立方米，比上年增长 11.33%。年末共有燃气用户 564 万户，比上年末增长 3.49%；其中，液化石油气用户 190 万户，下降 2.06%，天然气用户 374 万户，增长 6.55%。全市燃气管线达到 10425 公里，比上年末增长 1.96%。

全市集中供热面积达到 3.92 亿平方米，比上年增长 12.16%。

新农村建设：新农村建设以改善农民生产生活条件为重点，继续实施“亮起来、暖起来、循环起来”三项工程，安装太阳能路灯3.93万盏，搭建吊炕26.8万铺；完成了10万农户厕所改造任务，建设175座公厕；解决了43万农民安全饮水问题；完成400公里的乡村道路改造任务，完成农村街坊路硬化工程208万平方米；新建、开建农村客运站共22个，开通、调整村村通公交线路30条，解决94个行政村近6万村民坐车难问题，全市行政村通车率达到95%。

五、农业、工业和建筑业

农业：全年实现农业增加值101.3亿元，比上年增长2.1%。安全生产力度加强，891个产品获得农业部无公害农产品认证，117个产品获得绿色食品认证。传统农业继续收缩，粮食播种面积19.75万公顷，比上年下降10.1%；粮食产量102.1万吨，比上年下降6.5%。主要畜牧业产品产量呈恢复性增长。

表6 2007年主要农副产品产量

指标	单位	产量	比上年增长（%）
粮食	万吨	102.1	-6.5
蔬菜	万吨	340.1	-0.3
肉类	万吨	47.9	5.7
出栏生猪	万头	288.6	2.5
出栏家禽	万只	12946.7	13.5
禽蛋	万吨	15.6	2.5
水产品	万吨	6.1	-1.9
牛奶	万吨	62.2	0.5
干鲜果品	万吨	91.1	2.7

全市实际经营的农业观光园为1302个，比上年增加72个；

观光园总收入13.1亿元，比上年增长25.3%，其中采摘收入3.2亿元，增长32.5%。民俗旅游接待户13570户，比上年增加942户，民俗旅游总收入5亿元，增长35.6%。农业观光园和民俗旅游户从业人员7.2万人，比上年增加0.1万人；农业观光园和民俗旅游户接待人数达到2614.4万人次，增长19.2%。

工业：全年完成工业增加值2053.3亿元，比上年增长13%，增幅比上年提高3.5个百分点。其中，规模以上工业企业完成增加值1992.1亿元，增长13.4%。在规模以上工业中，高技术制造业、现代制造业完成增加值557.3亿元和802.3亿元，分别增长22.1%和17.4%，占规模以上工业增加值的比重分别为28%和40.3%（二者有交叉部分），对工业增长的贡献率达到45.5%和53%。产销衔接良好，产品销售率为99.1%，比上年提高0.08个百分点。规模以上工业实现出口交货值1865亿元，增长26.7%。其中，通信设备、计算机及其他电子设备制造业实现出口交货值1384.8亿元，增长28.8%。

表7　规模以上工业企业增加值　　单位：亿元

指　　标	2007年	比上年增长（%）
工业增加值	1992.1	13.4
轻工业	395.2	9.9
重工业	1596.9	14.3
其中：高技术制造业	557.3	22.1
其中：现代制造业	802.3	17.4
其中：国有及国有控股企业	1078.7	10.8
其中：通信设备、计算机及其他电子设备制造业	381.2	25.3
电力、热力的生产和供应业	298.3	18.1
黑色金属冶炼及压延加工业	194.1	2.9

续表

指　　标	2007年	比上年增长（%）
交通运输设备制造业	154.6	7.9
化学原料及化学制品制造业	95.9	3.8
通用设备制造业	82.4	17.1
专用设备制造业	77.2	9.2
医药制造业	67.6	20.6
石油加工、炼焦及核燃料加工业	36.6	16.8

全年生产汽车70.7万辆，比上年增长3.5%，其中轿车20.3万辆，下降24.9%；生产微型电子计算机832.2万台，增长12.9%；生产程控交换机2735万线，下降42.6%；生产移动通信手持机（手机）22719.9万台，增长61.5%。

表8　主要工业产品产量

产品名称	单位	2007年	比上年增长（%）
钢材	万吨	1030.2	2.4
发电量	亿千瓦时	227.9	6.8
原油加工量	万吨	915	10.1
乙烯	万吨	90.9	-8.1
汽车	万辆	70.7	3.5
其中：轿车	万辆	20.3	-24.9
彩色显像管	万只	829.0	-11.2
显示器	万台	513.6	-8.6
微型电子计算机	万台	832.2	12.9
程控交换机	万线	2735.0	-42.6
移动通信手持机（手机）	万台	22719.9	61.5
饮料酒	万千升	189.1	11.5
其中：啤酒	万千升	172.5	9.5
乳制品	万吨	57.9	-2.2

1—11 月，全市规模以上工业企业实现利润 560. 3 亿元，比上年同期增长 69. 3%，增幅同比提高 53. 4 个百分点；利税总额 906. 5 亿元，增长 51. 4%。

建筑业：全年建筑业实现增加值 426 亿元，比上年增长 10. 7%。具有资质等级的总承包和专业承包建筑业企业实现利润 173. 5 亿元，增长 53. 8%；上缴税金 116. 8 亿元，增长 52. 3%。

六、固定资产投资与房地产开发

固定资产投资：全年完成全社会固定资产投资 3966. 6 亿元，比上年增长 17. 6%，增幅比上年下降 1. 7 个百分点。其中，基础设施投资 1175. 8 亿元，增长 25. 7%；占全社会固定资产投资的比重为 29. 6%，比上年提高 1. 9 个百分点。主要投向交通运输和公共服务业，其中，交通运输投资 548 亿元，增长 24. 7%，公共服务业投资 289. 5 亿元，增长 9. 2%。

分城乡看，完成城镇投资 3656. 7 亿元，比上年增长 18. 5%，增幅比上年下降 0. 4 个百分点；其中，房地产开发投资 1995. 8 亿元，增长 16%，增幅比上年提高 3. 2 个百分点，占全社会固定资产投资的比重为 50. 3%，比上年下降 0. 7 个百分点。完成农村投资 309. 9 亿元，增长 8. 7%，增幅比上年下降 14. 3 个百分点。

分三次产业看，第一产业投资 16. 7 亿元，比上年增长 15. 5%；第二产业投资 484. 1 亿元，增长 33. 3%，其中工业投资 477. 7 亿元，增长 33. 4%；第三产业投资 3465. 8 亿元，增长 15. 8%。

房地产开发：全市商品房施工面积 10438. 6 万平方米，比上年下降 0. 4%；其中商品住宅 5914. 5 万平方米，下降 6. 3%。商品房竣工面积 2891. 7 万平方米，下降 9. 5%；其中住宅 1854 万平方米，下降 15. 5%。商品房（含现房和期房）销售面积

2176.6万平方米，下降16.5%；其中住宅1731.5万平方米，下降21.5%。年末商品房空置面积1136.2万平方米，比上年末增加96.5万平方米，其中住宅411.8万平方米，减少82.3万平方米。

全市经济适用房施工面积710.5万平方米，比上年下降11.9%；竣工面积237.2万平方米，下降26.6%；销售面积100.1万平方米，下降43.2%。

七、国内贸易、对外经济、旅游和开发区

国内贸易：全年实现社会消费品零售额3800.2亿元，比上年增长16%，增幅比上年提高3.2个百分点。

在限额以上批发和零售企业零售额中，通讯器材类比上年增长16.6%，家用电器和音像器材类增长19.7%，家具类增长23.5%，汽车类增长32%，服装类增长20.4%，金银珠宝类增长41%。

表9 社会消费品零售额及其增长速度 单位：亿元

指标	2007年	比上年增长（%）
社会消费品零售额	3800.2	16.0
按商品用途分		
吃的商品	931.8	14.5
穿的商品	356.0	13.8
用的商品	2185.1	18.7
烧的商品	327.3	6.5
按行业分		
批发、零售贸易业	3335.7	16.4
餐饮业	343.0	19.4
其他行业	121.5	-0.7

续表

按地区分		
城镇	3332.0	16.6
郊区	468.2	12.1

全年销售机动车79.8万辆，比上年增长11.8%，增幅比上年回落13.4个百分点。其中新车44.3万辆，增长13.2%；旧车35.5万辆，增长10%。

对外经济：全年北京地区进出口总额1929.5亿美元，比上年增长22.1%；其中出口489.2亿美元，增长28.9%；进口1440.3亿美元，增长19.9%。

全年新批外商投资项目2177个，比上年增长3.4%。实际利用外资50.7亿美元，增长11.3%。其中，制造业所占比重为17.7%；租赁和商务服务业为18.3%；房地产业为23.6%；批发与零售业为6.6%。

表10　2007年分行业外商直接投资及增速

行业名称	新批外商投资项目（个）	比上年增长（%）	实际利用外资（万美元）	比上年增长（%）
总计	2177	3.4	506572	11.3
农、林、牧、渔业	8	14.3	4774	777.6
采矿业	1	—	553	231.1
制造业	211	-28.2	89618	-15.1
电力、燃气及水的生产和供应业	5	25.0	2342	-1.1
建筑业	7	-36.4	878	-30.0
交通运输、仓储和邮政业	18	5.9	22090	596.2
信息传输、计算机服务和软件业	380	-6.9	78470	77.0

续表

行业名称	新批外商投资项目（个）	比上年增长（%）	实际利用外资（万美元）	比上年增长（%）
批发和零售业	473	38.3	33318	36.7
住宿和餐饮业	47	-20.3	5824	209.5
金融业	6	-25.0	6052	-41.0
房地产业	36	-41.9	119476	65.4
租赁和商务服务业	590	9.3	92896	-46.7
科学研究、技术服务和地质勘查业	313	9.8	42594	236.6
水利、环境和公共设施管理业	2	100.0	2155	701.1
居民服务和其他服务业	30	87.5	957	19.3
教育	2	-71.4	1285	2888.4
文化、体育和娱乐业	48	9.1	3290	273.0

全年境外投资中方实际投资额9439.9万美元，比上年增长35.2%；对外承包工程、劳务合作和设计咨询完成营业额9.4亿美元，增长12.6%。

旅游：全年接待入境旅游者435.5万人次，比上年增长11.6%，增幅比上年提高4.1个百分点。其中，外国人382.6万人次，增长13.1%；港、澳、台同胞52.9万人次，增长1.6%。旅游外汇收入45.8亿美元，增长13.7%。全年接待国内旅游者1.4亿人次，增长8.2%。国内旅游收入1753.6亿元，增长18.3%。国内外旅游收入总计达到2103亿元人民币，增长16.6%。全年出境游人数100.2万人次，增长26.5%。年末全市星级宾馆（饭店）达到806家，比上年末增加106家；其中五星级42家，四星级114家，三星级257家。

开发区：年末全市共有开发区19个，累计入区企业37327

个，比上年末增加4658个；其中投产企业31397个，增加3610个。各类开发区实现总收入11128亿元，增长25.3%；实现利润818.3亿元，增长44.3%；应缴税金508.9亿元，增长33.8%。

中关村科技园区投产开业企业26704个，实现总收入8595.8亿元，比上年增长25%；出口创汇151.2亿美元，增长17.2%；实现利润733.8亿元，增长48.6%；应缴税金319.4亿元，增长35.1%。

北京市经济技术开发区投产开业企业952个，实现总收入2814亿元，比上年增长20.2%；实现利润271亿元，增长64.8%；应缴税金121.1亿元，增长34.3%。

八、交通运输和邮电

交通运输：全年货物周转量528.6亿吨公里，比上年增长10.4%。其中，铁路268.5亿吨公里，增长2.3%；公路72.6亿吨公里，下降18.1%；民航37.6亿吨公里，增长11.9%；管道149.9亿吨公里，增长59.8%。铁路、公路、民航、管道各种运输方式货物周转量比重分别为50.8%、13.7%、7.1%和28.4%。

全年旅客周转量960.2亿人公里，比上年增长16.3%。其中，铁路90.8亿人公里，增长2%；公路147.4亿人公里，增长86.1%；民航721.9亿人公里，增长9.8%。铁路、公路、民航三种运输方式旅客周转量比重分别为9.5%、15.4%和75.2%。

年末全市民用汽车保有量达到277.8万辆，比上年末增长13.8%；其中轿车180.7万辆，增长17.3%。私人汽车保有量达到212.1万辆，增长17.2%；其中轿车146.3万辆，增长20.9%。

邮电：全年完成邮电业务总量653.1亿元（2000年不变价），比上年增长29.4%。其中，邮政业务总量37.8亿元，增长

7.7%；电信业务总量615.3亿元，增长31.1%。年末固定电话用户累计达到914.5万户，其中城市电话用户814.8万户，农村电话用户99.8万户。固定电话主线普及率达到56线/百人，每百人比上年减少1.3线。全年新增移动电话用户27.3万户，年末累计达到1598.4万户。移动电话普及率达到97.9部/百人，每百人比上年末下降1.5部。

九、金融、证券和保险

金融：年末全市金融机构（含外资）本外币存款余额37700.3亿元，比年初增加3893.6亿元，增加额比上年减少911亿元。贷款余额19861.5亿元，比年初增加2408.1亿元，按可比口径计算，增加额比上年减少470亿元。其中，人民币个人消费性贷款2575.5亿元，比年初增加331.6亿元，增加额比上年多284.5亿元。

表11　全市金融机构（含外资）本外币存贷款 单位：亿元

指　　标	2007年末	比年初增加额	增加额比上年增减
各项存款余额	37700.3	3893.6	-911.0
其中：人民币	35369.7	4042.6	-468.4
其中：企业存款	20810.6	2965.1	275.5
居民储蓄存款	9155.3	452.5	-778.9
各项贷款余额	19861.5	2408.1	-470.0
其中：人民币	17812.5	2533.1	653.1
其中：短期贷款	6076.5	954.5	688.4
中长期贷款	10926.7	1861.7	219.1

证券：全年证券市场各类证券成交额97978.7亿元，比上年增长4倍。其中股票成交额77487.8亿元，增长4.2倍；基金成交额1535亿元，增长4.1倍；债券成交额2060.1亿元，下降

0.7%。年末股票市场累计开户数 314.9 万户，比上年末增长 66.3%。

保险：年末全市有各类保险公司 91 家，比上年末增加 10 家。全年实现原保险保费收入 498.1 亿元，比上年增长 21%。其中，财产险保费收入 111.7 亿元，增长 32.5%；寿险保费收入 334.4 亿元，增长 21.3%；健康险和意外伤害险保费收入 51.9 亿元，增长 0.71%。全年各类保险赔付支出 135.4 亿元，比上年增长 61.2%；其中财产险赔款 49.7 亿元，增长 27.7%；寿险业务给付 73.2 亿元，增长 128%；健康险和意外伤害险赔款及给付 12.5 亿元，下降 3.8%。

十、教育、科学技术、文化、卫生和体育

教育：年末全市共有普通高等院校 83 所，全年招收本专科学生 15.6 万人，在校生 56.8 万人，毕业生 13.9 万人。全市共有 52 所普通高校和 118 个科研机构培养研究生，全年研究生教育招生 6.5 万人，在学研究生 18.7 万人，毕业生 5.3 万人。本专科在校生与在学研究生分别比上年末增加 1.3 万人和 0.9 万人。

全市幼儿园在园幼儿 21.4 万人。普通小学招生 10.9 万人，在校生 66.7 万人，毕业生 11.2 万人；初中招生 11.2 万人，在校生 33.3 万人，毕业生 10.9 万人；普通高中招生 7.2 万人，在校生 24.4 万人，毕业生 7.8 万人；各类中等职业教育招生 6.1 万人，在校生 24.7 万人，毕业生 8.1 万人；特殊职业教育招生 864 人，在校生 7473 人。

全市义务教育阶段公办学校学杂费全部免除，受益学生达到 71.05 万人。实施中等职业教育助学和专业奖励办法，减免和奖励 16.37 万名中等职业学生的学费；享受高校助学金和奖学金的学生 3 万人。

年末全市共有民办小学19所，在校学生2.2万人；民办普通中学92所，在校学生4.1万人；民办普通高校10所，在校学生7.4万人。成人中等学校11所，在校学生1.6万人；成人高校26所，在校学生30.5万人（包括普通高校的成人本专科学生）。

科学技术：全年研究与试验发展（R&D）经费支出503.5亿元，比上年增长16.3%；相当于地区生产总值的5.6%，比上年提高0.1个百分点。

全市科技活动人员40.8万人，比上年增长6.5%。全市专利申请量与授权量分别为3.2万件和1.5万件，增长19.3%和33.1%，其中发明专利申请量与授权量分别为1.9万件和0.5万件，增长31.9%和24.8%。全年共签订各类技术合同5.1万项，下降1.2%；技术合同成交总额882.6亿元，增长26.6%。

文化：年末全市共有公共图书馆25个，总藏量3921万册（件），比上年末增长3.84%。市属11个专业艺术院团，国内外演出6610场，其中：国内演出6206场；国内观众346万人次，演出收入11653.6万元。年末有线电视用户达到344.26万户，比上年末增长7.7%，有线电视入户率为74.25%，比上年末提高3.5个百分点。北京地区出版报纸256种，与上年末持平；出版期刊2804种，减少5种；出版图书140397种，增加27165种。北京地区院线影院共放映电影34.7万场，观众1053万人次，票房收入3.66亿元。全市拥有全国重点文物保护单位98处，市级文物保护单位224处。北京地区注册登记的博物馆达到141座，馆藏文物329.5万件。全市共有国家综合档案馆19个，已开放各类档案83.34万卷。

卫生：年末全市共有卫生机构6068个，比上年末增加1190个；其中医院534个，卫生院149个。卫生机构共有床位8.3万张；其中医院 7.5 万张。平均每千人拥有医院床位 6.18 张。全市卫生技术人员达到 13.07 万人，比上年末增长 3%；其中执业医师 5.2 万人，注册护士 4.84 万人。平均每千人拥有执业医师 4.29 人，注册护士 4 人。全市医疗机构共诊疗 8830.93 万人次，健康检查 461.2 万人次。全年报告传染病发病率 421.11/10 万，死亡率 0.76/10 万。

体育：年末全市共有体育场馆 6126 个，年内成功举办了 6 项大型群众体育活动。全市共有优秀体育运动员 900 人，获得国际性比赛奖牌 39 枚，其中金牌 12 枚，银牌 10 枚；获得全国性比赛奖牌 287 枚，其中金牌 104 枚，银牌 98 枚。

公报注释：

1. 本公报中数据均为初步统计数。

2. 地区生产总值、各产业增加值绝对数按现价计算，增长速度均按可比价计算。

3. 低收入层居民消费价格涨跌幅度是反映低收入层居民家庭购买的消费品及服务价格变动情况的相对数，其分组标志以城镇住户调查资料为依据，按照人均可支配收入排队，最低的 10% 划为低收入层。

4. 规模以上工业企业是指年主营业务收入 500 万元及以上的全部法人工业企业；限额以上批发零售企业是指年销售额 2000 万元及以上批发企业和年销售额 500 万元及以上零售企业。

5. 恩格尔系数是指食品支出占消费支出总额的比重。

6. 2007 年人均可支配收入由城市（城八区）口径调整为城镇（十八个区县）口径，抽样调查样本量由 2000 户扩大为 3000 户。

7. 城镇、农村 20% 高、低收入户人均收入增速未扣除价格因素。

8. 根据国家有关规定，全年能耗数据待国家统计局审核评估后另行发布。

9. 2007年公路运输统计口径有所调整，其中，公路货物运输由原来的全社会运量调整为营业性运量；公路旅客运输由原来的省际长途和省际旅游运量调整为取得《道路运输经营许可证》的全部运量。

10. 全市金融机构（含外资）本外币贷款增加额比上年增减数据按可比口径计算。

附录二：

北京市昌平区 2007 年国民经济和社会发展统计公报

2007 年，全区人民在区委、区政府的正确领导下，坚持以科学发展观为指导，认真落实区第三次党代会的部署，紧紧围绕建设一流首都城市发展新区的奋斗目标，扎实工作，全区经济呈现较快增长态势。

一、综合

经济增长：初步核算，全年完成地区生产总值 265.2 亿元，同比增长 18.1%，增速比上年提高 7 个百分点。其中，第一产业增加值 4 亿元，增长 11.5%；第二产业增加值 132.4 亿元，增长 21.9%；第三产业增加值 128.7 亿元，增长 14.7%。

按常住人口计算，当年全区人均 GDP 达到 29597.3 元（按年平均汇率折合 3892.2 美元），比上年增长 9.3%。三次产业结构由上年的 1.6:48.4:50 变化为 1.53:49.93:48.54。

表 1　地区生产总值

指标	单位	2007 年	增长%
地区生产总值	万元	2651914	18.1
第一产业	万元	40467	11.5
第二产业	万元	1324176	21.9
工业	万元	1088601	23.9

续表

指标	单位	2007年	增长%
建筑业	万元	235575	13.6
第三产业	万元	1287271	14.7
交通运输、仓储和邮政业	万元	14799	4.5
信息传输、计算机服务和软件业	万元	69873	14.9
批发和零售业	万元	102756	10.6
住宿和餐饮业	万元	106143	31.5
金融业	万元	103366	12.5
房地产业	万元	283646	7.2
租赁与商务服务业	万元	24557	8.1
科学研究、技术服务和地质勘察业	万元	143103	25.3
水利、环境和公共设施管理业	万元	24787	6.7
居民服务和其他服务业	万元	24545	9.2
教育	万元	241368	16.7
卫生、社会保障和社会福利业	万元	44076	17.6
文化、体育和娱乐业	万元	21881	13.0
公共管理和社会组织	万元	82371	16.2

财政：完成财政收入（一般预算）21.2亿元，比上年增收4.6亿元，增长27.9%。财政收入增长主要得益于共享税收中增值税、营业税和企业所得税的拉动作用，以上三大税种共完成14.8亿元，比上年增收3.8亿元。

地方财政支出（一般预算）37亿元，比上年增长11.9%，用于一般公共服务、教育、医疗卫生、社会保障和就业方面的支出同比分别增长58.2%、6.0%、39.6%、24.3%。

就业：政府加大了就业促进力度，建立了“零就业家庭”长效帮扶机制。全年累计帮助5828名城镇登记失业人员实现就业，同比增长26.2%。农民就业服务体系进一步健全，完成农民免费职业培训 1.6 万人次，实现转移就业 9881 人。

二、人口、人民生活和社会保障

人口：年末全区常住人口 89.6 万人，比上年末增加 6.7 万人，同比增长 8.1%。年末总户数 21.2 万户，全区户籍人口 50.4 万人，其中非农业人口 28.6 万人。户籍人口出生率 11.1‰，死亡率 5.3‰，自然增长率 5.8‰。

人民生活：2007 年，城镇居民人均可支配收入 18874 元，同比增长 11%，增幅比去年同期提高 2.6 个百分点；城镇居民人均消费性支出 13001 元，同比增长 6.9%。

农村居民人均纯收入 9037 元，同比增长 11.7%，增幅比去年同期提高 2.6 个百分点；农村居民人均生活消费支出 7835 元，同比增长 8.7%，增幅比去年同期提高 1.5 个百分点。

社会保障：年末全区养老、医疗、失业、工伤和生育保险参保总人次达到 69.7 万人次，比上年同期增加 8.3 万人次，增长 13.5%。五项社会保险基金收支总规模达到 16 亿元，同比增长 16.1%。各项社会保险基金收缴率均达到 95% 以上，累计支出 8.1 亿元，比上年同期增加 2.2 亿元，增长 16.1%。

全区农保参保人员 1.74 万人，收缴农村社会养老保险基金 173 万元。参加新型农村合作医疗的农业人口 198903 人，参合率为 93.4%。全区已有 6 个镇出台了镇（街）级农保补贴方案。

政府积极落实“一老一小”大病医疗保险政策，将 7 万多名城镇无医疗保障的老人、学生和儿童全部纳入保障范围。实施公费医疗改革，使 2.5 万名享受公费医疗人员普遍受益。投入资金 7144 万元，妥善解决了 1675 名建设征地农转工人员参加社会保险的遗留问题。

三、农业、工业和建筑业

农业：完成农林牧渔业总产值114063万元，比去年同期增长10.3%。其中，种植业产值50904万元，林业产值14281万元，牧业产值38952万元，渔业产值3026万元，农林牧渔服务业产值6900万元。

全区粮食播种面积13.6万亩，比上年下降3.5%；粮食总产量3853.1万公斤，比上年增长1.9%。其中，夏粮播种面积1.5万亩，总产379.2万公斤；秋粮播种面积12.1万亩，总产3473.9万公斤。

主要农副产品中，蔬菜产量49745.5吨，同比下降19.1%；果品产量47365.4吨，同比下降24.0%；出栏羊47065只，同比下降17.6%；出栏猪117692头，同比增长7.8%；鲜奶产量18232.4吨，同比增长4.4%。

表2 2007年主要农副产品产量

指标名称	单位	2007年	增减（±%）
蔬菜产量	吨	49745.5	-19.1
果品产量	吨	47365.4	-24.0
其中：采摘	吨	4009.8	4.8
水产品产量	吨	2228	0.3
出栏肉牛	头	2939	3.9
鲜奶产量	吨	18232.4	4.4
出栏山、绵羊	只	47065	-17.6
出栏猪	头	117692	7.8
禽蛋产量	吨	6697.6	140.7
家禽出栏	万只	128.8	0.8

全区观光采摘园达到199个，比去年增长6%。乡村旅游接

待户达到1252户，比去年增长5%。乡村观光旅游接待人次达到118.8万人次，收入9035万元，分别比去年增长10%和18%。

工业：全区完成工业增加值108.9亿元，同比增长23.9%。规模以上工业企业完成总产值615.2亿元，同比增长27.7%；完成销售产值617.6亿元，同比增长29.4%，产销率达到100.4%，同比提高1.3个百分点，产销衔接紧密，以销定产市场调控作用明显。

中关村科技园区昌平园工业企业完成产值370.5亿元，同比增长35.8%，占全区规模以上工业总产值的60.2%；主营业务收入326.9亿元，同比增长35.6%；利润总额31.7亿元，同比增长82.2%，是推动全区工业发展的主要力量。

建筑业：2007年，全区建筑企业（具有资质等级）完成总产值91.4亿元，同比增长18.7%。完成房屋建筑施工面积552.2万平方米，与上年同期相比增长15.9%；房屋建筑竣工面积161.7万平方米，与上年同期相比下降10.7%。

四、固定资产投资和房地产开发

固定资产投资：全年完成固定资产投资137.6亿元，同比下降5.4%。按构成分，占比重较大的是房地产投资，完成89.3亿元，占全部投资的64.9%。增幅较高的是城镇投资，完成26.4亿元，增长107.4%。

按三次产业分，第一产业完成投资6亿元，同比增长329.6%；第二产业完成投资18.6亿元，同比增长51%；第三产业完成投资113亿元，同比下降14.2%。

房地产开发：房地产开发呈下降趋势。2007年，全区房屋施工面积703.5万平方米，同比下降12.5%。其中，新开工面积141.1万平方米，同比下降57.5%。商品房销售面积138.4万平方米，同比下降44.5%；实现商品房销售额116.3亿元，同比下降12.5%。

五、内外贸易

国内贸易：全年实现社会消费品零售额86亿元，同比增长29.1%，增幅比上年提高7.2个百分点。其中，全区限额以上商业企业实现零售额27.5亿元，同比增长27.1%，占全部零售额的32%；各类商品交易市场实现零售额38.4亿元，同比增长77.2%，占全部零售额的44.7%。

对外经济：全区共引进外商实际投资7466.5万美元，同比增长9.9%。全年外商注册资本共计17804.2万美元，同比增长208.8%。其中，合资企业增长较快，为16024.1万美元，同比增长584.3%。

六、交通运输和旅游

交通运输：境内客运线路38条，运营总里程1035公里，营运车辆337辆；全区共有出租汽车921辆，从业人员1189人；旅游客运企业6个，营运车辆152辆，从业人员196人；游船经营单位6个，各类游船188艘；拥有各类货运车辆10798辆，吨位51566吨；汽车维修418户，从业人员3479人；铁路监护道口17处，监护员136名。

全行业共有运输、维修业户5810户，各类运输车辆、船舶13121辆（艘），从业人员23491人。

旅游：全年共接待国内外游客1234万人次，同比增长7.4%；实现营业收入28.6亿元，同比增长18.9%。其中，民俗旅游接待游客202.5万人次，同比下降13.2%，完成旅游收入1.8亿元，同比增长5.8%。

七、金融存贷

全区银行各项人民币存款余额 503.8 亿元，同比增长 13.2%；其中居民储蓄余额 264.7 亿元，同比增长 13.5%。各项贷款余额 227.5 亿元，同比增长 11%。

八、城市建设与新农村建设

城镇建设：全年完成道路及附属设施工程 28 项、绿化工程 5 项、环卫设施工程 3 项、其它工程 8 项，投资 34409 万元。

昌平新城计划正式获得批复，新城街区层面控规及 39 个专项规划、4 个镇域规划的编制工作顺利完成。新城东区南环路大桥竣工验收，一期土地即将上市交易。沙河高教园区农民回迁楼和 3 所高校新校区开工建设。中关村国家工程技术创新基地土地一级开发顺利推进。以提升城市综合承载能力为目标，实施了 18 项基础设施和公共设施项目。新改建和大修区级以上道路 106.5 公里。南丰路北段建设和前锋学校改造正式启动。阳坊、史各庄等 5 座 11 万伏变电站建成送电。永安公园、政府地下停车场、北七家污水处理厂（一期）等项目已竣工。

奥运建设：135 项奥运倒排期折子工程全面实施。铁人三项赛场、训练场馆和公路自行车赛道、终点站顺利竣工。奥运场馆周边、赛道沿线、国铁城铁沿线等关键部位的环境综合治理全面完成，共拆除违法建设 5.1 万平方米，完成绿化面积 180 万平方米，清洗粉饰建筑物外立面 164 万平方米。

环境治理：积极组织京津风沙源治理工程，共投资 1760 万元，其中完成荒山造林 16000 亩。成功申请了“全国防沙治沙综合示范区”。实施废弃矿山、沙坑修复、南北沙河治理等一批生态建设工程，关停了昌平垃圾场。垃圾无害化处理率和城镇污水处理率分别达到80%和55%，空气质量二级及以上天数达到72.7%。

公共事业：完成供暖设备更新、维修保养和管网改造2417处；完成三处供热厂12台消烟除尘泵改造工程；完成全区57处非正规垃圾填埋场治理。全区总用电量35.7亿千瓦时，同比增长10.5%。其中，城乡居民生活用电7.6亿千瓦时，同比增长12.8%，占用电总量的21.3%；工业用电14亿千瓦时，同比增长2.3%，占用电总量的39.3%；农业用电1.2亿千瓦时，同比增长9.5%，占用电总量的3.3%；建筑业用电0.1亿千瓦时，同比增长6.4%，占用电总量的3.1%。

新农村建设：全年共投入支农资金14亿元，启动了京承路都市型现代农业走廊、苹果品种主题乐园、百合花生产基地等产业项目建设。新发展果树种植面积1.5万亩，设施农业面积突破1万亩。

22个市、区级整体推进村基础设施建设“五项工程”全面竣工。“亮起来、暖起来、循环起来”工程超额完成任务。大修乡间公路180公里，解决了4.8万农民的安全饮水问题，完成改厕1.5万户，搭建高效节能架空炕30707铺。

九、教育和科学技术

教育：年末全区共有幼儿园110所，在园幼儿13851人。普通小学86所，招生5774人，在校学生34006人，毕业生5549人。普通中学46所，其中初中招生4976人，在校生14435人，毕业生4430人；高中招生2887人，在校生8559人，毕业生1991人。中等职业教育学校6所，招生4818人，在校学生16755人，毕（结）业生4133人。特殊教育学校2所，招生38人，在校生352人，毕业生33人。职业技术培训机构160个，注册学生

61653 人，结业学生 59623 人。

实施和扩大“两免一补”政策范围，共投入 804 万元。全年共组织高考、成考、自考等各类考试 12214 场次，考生总人数 134294 人。

科学技术：申报2007 年国际合作项目 13 个，列入市合作项目计划 3 个，争取市科委项目资金 45 万元。申报国家、市级科技计划 26 项；实施区级科技计划 60 项，其中获得科技成果 38 项、发明专利 5 项；在申报区级科学技术奖的项目中，21 个项目获奖。

成立昌平区绿色照明科技服务中心，对相关技术人员进行专业培训；建立昌平区科技企业孵化联合会协会网站，为信息流动与共享提供平台；协助北京福田汽车有限公司建立汽车行业联盟；发挥药械协会作用，为 12 家药械企业与中国医药研究开发中心搭建合作平台。

十、文化、卫生和体育

文化：以元旦、春节、五一、七一、八一、十一等重大节日庆典为主题，在全区组织开展了丰富多彩的主题文化活动。成功地举办了奥运倒计时、申奥成功六周年、“好运北京”国际公路自行车测试赛、“国际铁人三项赛”、“走向 2008，2007 秋季北京国际长走大会”等大型国际赛事的庆祝、宣传活动。成功地开展了第八届艺术节、五月的鲜花、“四下乡”、群众性夏日文化广场等主题活动。

进一步完善了三级图书服务体系，11 个镇级图书分馆，藏书 15 万册；178 个村级图书分馆，藏书 26 万册。政府投资 400 万元为 5 个镇 28 个行政村 6952 户浅山区村民解决看电视难问题。

加大整治力度，全年检查网吧、歌厅、音像、图书、报刊亭、印刷企业等 2136 家次。取缔图书音像摊点 161 个，收缴盗版图书2722册，收缴盗版光盘33925张；取缔歌舞娱乐场所4家，暂扣点歌器、电视机42套。

卫生：全年完成门急诊210.1万人次，床位使用76.7万床日。传染病发病率较去年同期下降了11.2%。已建成标准化社区卫生服务中心11个，标准化社区卫生服务站118个。社区卫生服务中心及所属社区卫生服务站，全部开展了312种药品和一次性医用耗材政府采购零差率销售和实施了收支两条线管理工作。

体育：成功举办了“好运北京”铁人三项世界杯赛、公路自行车国际邀请赛和跆拳道、动力伞世锦赛、全国亿万妇女健身大赛、迎奥运万人长走等大型赛事活动。获得了2011年铁人三项世锦赛的举办权。举办了昌平区首届“建设杯”乒乓球比赛、第五届“节水杯”篮球友谊赛、第四届回龙观地区超级足球联赛、第七届“青檀杯”棋类锦标赛等赛事活动，全年行业系统和基层组织群众性体育赛事350余项次，参与人数达25万余人次。

为52个行政村安装了全民健身器材，另外对43处健身工程进行了器材更新，并对有条件的行政村安装了篮球架23.5幅、乒乓球台68幅、羽毛球架25幅，使全区行政村全民健身器材达到村村有。

围绕“全民健身与奥运同行”主题，以举办第六届全民健身体育节为龙头，组织开展了春季长跑、“迎奥运和谐社区杯”乒乓球比赛、羽毛球比赛、太极拳比赛、“6.23”登蟒山比赛、老年台球赛、长走活动、独生子女家庭运动会、“迎奥运和谐杯”金秋全民健身篮球比赛等区级群众性体育比赛活动，直接参与人数达10万余人。

注：1. 年度统计数据为初步统计数据；

2. 社会发展数据为有关部门提供。

作者李强简介

李强，男，汉族，1973年10月生，湖北襄阳人，管理学博士。先后就读于华中科技大学管理学院、中共中央党校研究生院、四川大学经济学院、南京大学政府管理学院。系国家发改委宏观经济研究院研究员、国杰老教授科学技术开发咨询研究院副院长、中科人才技术交流发展中心常务副主任、南京大学中国基层组织研究基地首席研究员。系天津市宝坻区、天津市河西区、黑龙江省绥棱县、江苏省徐州市、广东省惠州市、云南省玉溪市、新疆自治区阿瓦提县等政府顾问及中国中信集团内蒙古乌兰察布农商银行等企业发展顾问。主要研究领域：区域经济理论与政策；产业经济理论与政策；金融理论与政策；组织理论与组织创新；创新发展理论。

近年来，先后主持和参加县市级区域发展规划和政策研究30余项；主持和参加国家和地方产业政策、产业发展规划和产业重大项目课题研究50余项；出版各类著作10余部；发表各类论文50余篇。其中，“十五”以来主持和参加的经济社会文化规划咨询项目课题主要有：

一、“十五”期间主持和参加的重点规划研究课题

1. 辽宁葫芦岛市滨海地区旅游发展规划（2004）
2. 江苏昆山市社会经济发展与土地开发利用研究（2004）
3. 中国西部生态脆弱带生态综合治理可行性研究（2004）

4. 云南玉溪市区域性空间控制性规划（2005）

5. 云南玉溪市“十一五”产业发展规划（2005）

二、“十一五”期间主持和参加的重点规划研究课题

1. 云南玉溪市国际竞争性烟草项目可行性研究（2006）

2. 云南玉溪市城市水资源保护与防洪体系建设项目可行性研究（2006）

3. 云南玉溪市区域性国际物流中心可行性研究（2006）

4. 江苏吴江市盛泽现代服务业发展规划研究（2006）

5. 淮海经济区区域经济发展研究（2007）

6. 中国矿业大学（徐州）高校科技园区产业规划研究（2008）

7. 黑龙江绥棱县“十二五”产业发展规划（2009）

8. 北京昌平区“十二五”科技与知识产权发展规划研究（2009）

9. 北京昌平区“十二五”社会经济发展前期规划研究（2009）

10. 北京昌平区“十二五”产学研一体化区域创新体系研究（2009）

11. 江苏连云港市“十二五”花卉产业发展规划（2009）

12. 天津宝坻区京津国际文化城发展规划研究（2009）

13. 甘肃省金昌市城乡一体化发展规划（2009）

14. 甘肃省金昌市金川区城乡一体化发展规划（2009）

15. 云南省利用外资与境外投资发展战略研究（2010）

16. 新疆自治区新湖农场“十二五”产业布局与规划（2010）

三、“十二五”期间主持和参加的重点规划研究课题

1. 互助担保基金的理论与实践（2011）

2. 北京昌平区十三陵明文化产业集聚区可行性研究（2011）

3. 中国（山东·邹城）国际母教文化产业集聚区可行性研究（2011）

4. 天津宝坻区京津冀区域桥头堡发展研究（2012）

5. 甘肃白银市核桃产业发展规划（2013）

6. 西藏自治区高原特色农产品基地建设规划（2014）

7. 安徽同福碗粥股份产业发展战略规划（2014）

8. 天津市河西区城市发展定位研究（2015）

9. 国家自主创新示范区企业信用评估指标体系研究（2015）

四、“十三五”期间主持和参加的重点规划研究课题

1. 四川·筠连县漆树产业发展规划研究（2016）

2. 贵州交通小康化财政金融统筹模式研究（2016）

3. 新疆自治区阿瓦提县文化立县治县研究（2016）

4. 江西省德兴市优秀传统文化挖掘、传承与保护研究（2017）

5. 田园综合体规划发展研究（2017）

6. 农村商业银行转型发展研究（2017）

联系电话：010－63908399　13910954677

邮箱：13910954677@139. com